岡 山 文 庫

301

真備町《まびちょう》（倉敷市）歩《ある》けば

千三百余年の歴史を語る生き証人
箭田廃寺の蓮華文鬼瓦（国重文）

白鳳期、下道氏氏寺を華麗に飾り、
建武年間、足利軍の兵火に焼かれ、
寛政年間、吉備寺楼門再建で発掘。

日本文教出版株式会社

岡山文庫・刊行のことば

岡山県は古く大和や北九州とともに、吉備の国として二千年の歴史をもち、遠くはるかな歴史の曙から、私たちの祖先の奮励とそして私たちの努力とによって、現在の強力な産業県へと飛躍的な発展を遂げております。

小社は創立十五周年にあたる昭和三十八年、このような歴史と発展をもつ古くして新しい岡山県のすべてを、〝岡山文庫〟（会員頒布）として逐次刊行する企画を樹て、翌三十九年から刊行を開始いたしました。

以来、県内各方面の学究、実践活動家の協力を得て、岡山県の自然と文化のあらゆる分野の、様々な主題と取り組んで刊行を進めております。

郷土生活の裡に営々と築かれた文化は、近年、急速な近代化の波をうけて変貌を余儀なくされていますが、このような時代であればこそ、私たちは郷土認識の確かな視座が必要なのだと思います。

岡山文庫は、各巻ではテーマ別、全巻を通すと、壮大な岡山県のすべてにわたる百科事典の構想をもち、その約50％を写真と図版にあてるよう留意し、岡山県の全体像を立体的にとらえる、ユニークな郷土事典をめざしています。

岡山県人のみならず、地方文化に興味をお寄せの方々の良き伴侶とならんことを請い願う次第です。

はじめに——

真備町を歩く魅力について

〝片っ端から真備町を歩こう〟と

本書の執筆に当たった3名（中山薫、加藤満宏、小野克正）はいずれも倉敷市真備町の住人で、長年の歩き仲間である。

今から十数年前、真備町で年配者数人のささやかな歩く会が始まった。メンバーは、いずれも定年は過ぎたが、人生はまだまだ現役、やりたいことが一杯ある。そのためには、なによりも健康が一番。それを保障する第一歩は「まず歩くこと」という点で、ほぼ共通の認識をもっていた。しかしそれも、継続しなければ、力とはならない。歩くこと自体が楽しく、充実感があって、モチベーションが継続する歩きが望ましかった。

そんな議論のなか、仲間の一人が提案した。「この真備町には我々がまだ知らない貴重な歴史遺産や文化、自然のお宝がいっぱい残っている。それらを片っ端から訪ねて歩いてみたい。そして孫たちに、この郷土のことをしっかり語ってやれるじいさんになりたい。」

「それはいい」ということになり、さっそく毎月1回、弁当とお茶を持って、真備町と周辺の地を歩き始めた。以来、会は雨で中止する以外は欠かさず継続して、これまでに百数十回を重ねてきた。

メンバーも、特に宣伝したわけではないが、数十人に広がってきた。行動範囲も自転車を利用することで大幅に広くなり、たまには会員の要望で、青春切符など使い、近県まで足を伸ばすこともある。

このような会を積み重ねてきて、今まで見逃してきた真備町の歴史遺産や、文化、自然との出会いの中で、様々な新しい発見が随所でもたらされた。またこれまで一知半解のまま、思い込んでいたものに、突然正解が与えられたり、新しい視点をいただくこともしばしばであった。歩く途中での仲間との会話や議論も、結構愉快で、益することも多く、行く先々で出会う古老や、見知らぬ方々との話も、新鮮な情報が得られて、お宝発掘の魅力もある。単純にいえば、これらが次の歩きを促すモチベーションであり、これからも歩ける間は歩き続けたいと思う根拠でもある。

から望む真備の里

真備町のあらまし

真備町の成立は、昭和27年（1952）、吉備郡（明治33＝1900年施行）の西南部に位置した箭田町と大備（昭和26年、岡田、川辺両村が合併し大備村となる）、薗、二万、呉妹の各村が合併して、吉備郡真備町が発足した。次いで4年後の昭和31年に、穂井田村が分村して、服部地区が真備町に加わり、現在の町域が定まった。

吉備郡真備町の時代、昭和30年代後半に始まった日本の高度成長期、岡山県下でも特に、倉敷市の水島は、鉄鋼・自動車・造船・石油・化学・電力等の巨大工場が林立し、西日本有数の工業基地に発展した。その影響下で、真備町はベッドタウン好適地として人口が急増、平成8年には2万3千537人と、県下町村の

井原鉄道（有井付近）の高架

中で最大の町となった。

　平成17年、いわゆる平成の大合併によって、吉備郡真備町は倉敷市の傘下に入り、倉敷市真備町となり、現在にいたっている。

　真備町の地勢をみると、北西部は、吉備高原の南端となる300メートル級の鷲峰山、高山、妹山の三山を背に、幾つかの丘陵が東に延び、南西部は弥高山から、200メートル以下の丘陵が、同じく東へ連なる。河川は岡山県の三大河川の一つ、高梁川が町の東部を南に流れ、その支流・小田川が、町の中央部を東に流れて、高梁川と合流する。この二本の一級河川を軸に、真備平野が東に開く形で広がる。

　町の面積の4割弱が住宅、田畑、河川などの平野部、約6割が山林その他という、自然豊かな落ち着いた土地柄である。

悠久の歴史刻む風土

　真備町の土地柄といえば、やはり太古より連綿と続いてきた歴史風土の奥深さであろう。

　弥生の早い時期、当地では、いち早く稲作の技術を取り入れ、水田・水利を広げて、農業生産力を飛躍的に発展させ、古代吉備国の有力な一翼となった。下道氏や苑氏、川嶋氏など、大きな勢力をもつ氏族、首長も生まれ、多数の古墳や古代寺院などを残した。

　奈良時代、真備町を本拠地とする下道氏から出た、下道《しもつみちの》真吉備《まきび》（のちの吉備真備）は、唐に留学18年、当時、世界最高の新知識を持ち帰って、開明期のわが国の政治制度や文化に、巨大な足跡をしるした。

平安・鎌倉期、仏教がいっせいに花開いた時代、真備町各地に、各宗派寺院が相次いで開基、神社も次々と建てられた。

鎌倉・室町・戦国の時代にかけては、町内に七つの山城が築かれ、野心的な武士たちがわれこそはと覇権を競い、特に猿掛城〈呉妹〉や馬入山城〈薗村〉をめぐっては、激しい攻防戦や合戦が繰り広げられた。

江戸時代は、1万3 4 3石の外様大名・岡田藩（川辺陣屋の時は川辺藩と称した）の伊東家の支配が、明治維新後の藩籍奉還まで10代、255年間続いた。その藩政の功罪について、総じて仁政とみるか、問題があるとみるかは、議論のあるところだ。

明治以降・現代については、ここでは記述を割愛するが、ともあれ、この真備町には、太古以来の歴史の年輪が、切れ目なく、いたるところで深く刻み込まれている。千何百年も前に、この地であった出来事や、先人たちの営みの跡に出会えたり、何百年も前の時代にタイムスリップして感動的な追体験をすることも、可能な土地なのである。

以下の章で、真備町各地の主なポイントについて、過去・現在の物語やありようを、順次、紹介していくが、これらを「歩きの友」に、ぜひ楽しみながら、しっかり歩き続けていただければと願う。

熱心な歩き参加者へのご褒美は、『なんでも話せるいい友達づくり』と、各自の『足・腰・頭の健康保持』。

小野克正

陽
馬入山
伊与部山
永山卯三郎生家
岡田
堂応寺宝篋印塔
至総社
高梁川
更生館跡
岡田廃寺
薗小
横溝正史疎開宅
大池
西園神社
岡田小
辻田
新川辺橋
きよね
新道
真備ふるさと歴史館
真備総合公園
真備東中
川辺橋
川辺宿
総社市清音
竜王塚古墳
有井
源福寺
川辺小
伯備線
箭田のタケノコ
タクシー
箭田
大日庵
川辺
中之池
マービーふれあいセンター
まびイキイキプラザ
まきび公園
吉備公廟
倉敷真備支所
川辺宿駅
南山橋
真備中
至倉敷
箭田小
真備陵南高
吉備真備駅
箭田橋
二万橋
天狗山古墳
下二万
二万のぶどう
二万大塚
倉敷市船穂町
反古山
至倉敷大橋
玉島インター・新倉敷方面
上二万
二万小
山陽自動車道

倉敷市真備町全図

N
県道倉敷一昭和線
井上桂園生家
総社市新本
市場
高山
真備美しい森
穴門山神社
高津池
高馬山
鷲峰山
箭田大塚
大武の富有柿
毘沙門天立像
小田郡矢掛町
妹
内山池
尾崎
大武池
蓮池
呉妹小
妹山
黒宮弥生古墳
呉妹駅
さくら公園
宮田橋
八高橋
井原鉄道
琴弾橋
八高廃寺
国道486号線
服部
小田川
猿掛城址
谷本陣屋
猿掛山
弥高八十八ヵ所霊場一番
弥高山
倉敷市陶
0
500
1000
1500
2000m

真備町（倉敷市）歩けば　もくじ

箭田を歩けば

①吉備公館址　②吉備公産湯の井戸　③吉備寺（箭田廃寺）
④まきび公園　⑤吉備公墳　⑥八田神社　⑦箭田大塚古墳
⑧薬師寺　⑨法華寺　⑩慈源寺　⑪妙伝寺　⑫本住寺
⑬守屋勘兵衛墓　⑭宮田井堰　⑮真備総合公園　⑯竹の道

真備町箭田地区

箭田を歩けば

箭田と吉備真備公

古今を通じ、真備町を代表する人物といえば、まずは奈良時代の名賢・吉備真備を挙げねばなるまい。真備は、真備町箭田を本拠地とする下道朝臣氏族の出身。父圀勝は成人するとすぐ、氏族から選ばれて大和に上り、生涯、朝廷に勤めた。母は大和の豪族・八木氏の娘。真備は持統天皇時代の695年に、父が勤める藤原京（奈良県橿原市）で生まれた。箭田の本家は、父の弟・圀依が継いだ。

真備は二度、唐に渡り、18年間、世界最高の学問を身につけて帰国。当時、開明期にあった日本の政治制度や法、教育、文化、軍事技術などの進歩・発展に大きく貢献。右大臣として、天皇を助け、81歳で亡くなった。

＊吉備真備については、本書執筆者の中山薫「吉備真備の世界」、同・小野克正「実像・吉備真備」を参照していただければ幸いだ。

多彩な吉備真備伝承

伯備線清音駅から井原鉄道に乗って7分、二つ目の「吉備真備駅《きびのまきび》」で下車する。町名の真備は「まび」と読ませるが、駅の名は「まきび」と、本来の名前で読ませる「ねじれ」現象は、ちょっぴり気になる。

この駅から1キロ以内に、吉備真備にちなむ伝承や、ゆかりの地が数か所集中する。近いところから歩いてみよう。真備駅から北へすぐのところに、倉敷市真備支所があり、正面玄関前で、さっそく吉備真備の銅像が迎えてくれる。そこから100メートルほどで旧山陽道（現倉敷市道・箭田236号線）を横切り、さらに北へ200メートル、次いで町公民館前を西進すること200メートルで、「吉備公館址」、「産湯の井戸」などがある一角に着く。

館跡には明治期の著名な歴史学者で、日本史学会の初代会長を勤めた重野安繹《やすつぐ》博士の筆書を刻んだ石碑（明治33年建碑）のほかに、館址をうかがわせるものはないが、日本では珍しいラテン語の顕彰碑が、そばに建てられている。建てたのは、昭和初期、日本に来住帰化したドイツ人、フーゴ・ラサール神父。吉備真備への強い敬慕から、自分の名前も「愛《えの》

吉備公産湯の井戸

吉備公館址。左はラテン語の碑

宮《みや》真備」と改めた。建碑は昭和38年（1963）10月2日と刻むが、その日は奇しくも真備の命日。真備が亡くなった宝亀6年（775）10月2日から1188回目の命日、本年（2016）は1241年目に当たっている。碑文は「真備の気高い理想を受け継いでいこう」と題し、ラテン語と日本語で語りかけている。

この館址のすぐ近くに、伝承「吉備真備産湯の井戸」がある。戦後まで、この井戸は、田圃の中の細い道べりに、草に覆われた石組があり、浅い井戸からきれいな清水がわき出ていた。

それが平成2年（1990）、「ふるさと創生資金」による改修工事で、赤い柱と反り返った屋根の中国風建物、コンクリートに囲まれて、井戸も見えなくなり、すっかりイメージが変わってしまった。やや違和感が残る模様変えだったように思える。

箭田廃寺と吉備寺

産湯の井戸から西を望むと、300メートルほどのところに低い丘陵が見える。その付近一帯に、吉備寺（箭田廃寺）、吉備さま（吉備公墳墓）、まきび公園、吉備真備記念館などが集中する。また、そこから北西の方向に目を移すと、少し遠景になるが、小高い丘の竹やぶの中に、国指定史跡の箭田大塚が見える。

岡山県内で最古の古代寺院の一つ、箭田廃寺が創建されたのは7世紀後半で、のちに吉備真備を生み出す下道氏の氏寺として築造された。

箭田廃寺の跡地には、現在吉備寺が建てられているが、廃寺の寺域は現吉備寺の数倍に当たる広さをもち、また地方ではこれまでなかった、瓦葺きの華麗な堂塔が多数配置されていた。古代廃寺の塔心礎や礎石が、今も吉備寺の庭などに残されており、また付近からは白鳳期の瓦などが、多数採集され、国指定の重要工芸品、蓮華文鬼瓦などとともに吉備寺に所蔵されている。

さて吉備寺、元は真蔵寺といったが、江戸時代・元禄の初め（1690年頃）、岡田藩4代目藩主の伊東長貞《ながさだ》が、次のようないきさつから、真蔵寺を吉備寺と改称し、吉備真備の霊を永代祀るべしと命じた。

真蔵寺の南の台地に宝篋印塔の墳墓があり、昔から吉備真備の墓所と言い伝え

吉備寺（箭田廃寺）

箭田廃寺の塔心礎（吉備寺内の庭園で）

られてきた。しかしそこには墓がぽつんと1基あるだけで、拝殿もなく、参拝者もほとんどいなかった。伝承も薄れ、墓所も荒れるにまかせる状態であった。

藩主伊東長貞は、この墳墓が公の真廟であることを証明し、先賢を盛大に復活したいと考え、元禄の初め、墳墓の発掘を試みた。

掘り出した石棺から脛の長い骨が現れた。長貞は「公は身長が高かったので、間違いなく真廟である」と結論づけた。（古川古松軒「吉備の志多道」1780）。

この発掘については、もう一つ、別の報告がある。岡山県下道郡役所が明治32年にまとめた「永遠要保存墳墓調査書」という公文書に、次のような記述がある。

「長貞公が自ら望んで発掘せしに…石棺あり、従臣を退け、一人進んで蓋を開き、一見した後、ただちに元の如く埋める。御棺内の形状は従臣にも告げたまわず、吉備公の墳墓たるは確実」と告げたという。

墳墓が真備公の「真廟」と決まったことから、藩主長貞はすぐ近くにあった真蔵寺を吉備寺と改め、永代供養の資として田地一枚を同寺に寄進した。

それはさておき、現吉備寺の山号は鏡林山・吉備寺。真言宗御室派。本尊は薬師如来である。山門の扁額は前記重野安繹博士が、「吉備公伝纂釈」の執筆中に同寺を訪れた時、書き残した「名賢遺蹟」の書を一枚板に彫りこんだものだ。

吉備公墓所（吉備さま）

毛利藩のお抱え画家、有馬喜惣太が書いた「行程記」（寛保2年＝1742）に、山陽道・八田の土手に、「吉備大臣廟所へ三町」と書いた木の標柱が立っていたことが誌されている。江戸時代後期の文人画家、司馬江漢の「西遊旅譚」にも、この標柱の記載がある。現在は「吉備公墳」と書かれた寛政2年（1790）銘の石碑が立っている。

旧山陽道から直接墓所に行くには、箭田の土手から西へ約200メートルのところに、南参道口があり、ゆるい坂を2～3分も登れば拝殿下に着く。吉備寺側からは山門の正面に墓所に登る石段がある。もし車で来られれば、吉備寺横の駐車場が使えるので、こちらの方が便利だ。

石段を登った境内には、正面に、明治39年（1906）、保廟会が寄付を募って建てた拝殿、その左手に鐘楼がある。拝殿奥の一番高いところに、玉垣に囲まれた墓所があり、鎌倉期の特徴をもつ宝篋印塔が祀られている。その玉垣の右側に、岡田藩8代目の伊東長寛《ながとも》が発案し、二男長之《ながゆき》が文、書は四男長生《ながなり》が担当して、弘化4年（1847）に建立した「吉備公墓碑」が建っている。

碑文の内容は「吉備公が唐の進んだ文物や制度を日本にもたらし、また武勲や国家への功績は永遠に消えることはない。世人が公の遺徳を決して忘れないように願い、この碑を立てる」という趣旨だ。

さて、吉備さまは本来墓所であるが、一方、「吉備大明神」という神格もあわせもち、学問の神様として、広く庶民の尊崇を集めてきた。毎年の夏祭り（旧暦の8月19・20日に最も近い土・日曜日）に、花火の打ち上げや各種のイベントが催される。

中国風庭園「まきび公園」

吉備寺や吉備さまに接して、中国風庭園「まきび公園」がオープンしたのは昭

吉備公墳

吉備さま拝殿

和62年（1987）10月。公園内には3つの池が配置され、吉備寺前の池には石造の龍頭から清水が流れ出る仕組みなども造られている。園内には中国風の円窓や六角亭、太鼓橋、また楷の木や牡丹など中国の樹や花なども多数植えられている。大きな自然石に、吉備真備の肖像を浮かび上がらせた記念碑、そのほか、真備にちなむ、様々なモニュメントが、園内に配置されている。

オープン後にも、昭和63年に、吉備真備関係の資料を展示する「まきび資料館」、平成2年には、「タケノコ茶屋と竹工房」が完成、いずれも屋根の四隅が反りあがった中国風の建物で、公園入り口の両側に建てられている。

ところでこの公園が造られた経過には、

まきび公園

次のようないきさつがあった。

昭和53年（1978）、日中平和条約が調印された後、日中友好の運動が全国的に盛り上がるなか、真備町では同58年、友好訪中団を組んで、中国西安市（唐の都・長安）を訪ねるなどの運動が始まった。同59年には、翌60年が吉備真備が唐の文物を日本に持ち帰って1250年目に当たることから、中国西安市に「吉備真備記念碑」を建てる計画が打ち出された。西安への日本人の記念碑建立は、安倍仲麻呂（吉備真備と一緒に遣唐留学生となり、生涯、唐皇帝の側近として活躍、また唐の詩人らと深く交わる）と、空海（遣唐留学僧。帰国後、真言宗を開く）の2人の記念碑建立が先行していた。

「吉備真備記念碑」の建立をめざす運動は一気に広がった。岡山県知事を代表者とする県レベルの実行委員会が作られ、また、戦後の日中貿易を切り開いた功労者岡崎嘉平太氏（岡山県賀陽町出身、全日空社長など歴任）の全面的協力も取り付けた。地域の募金活動も進んだ。数次にわたり、調査団や交渉団を送り、ついに西安市への記念碑と日本庭園の造成、岡山県の真備町と矢掛町の双方にも吉備真備公園を造り、記念碑を建てることで合意が成立した。

昭和61年（1986）5月、西安市の古い城壁を背に、日本庭園と記念碑が完成し、それを祝う記念式典が、日中双方から多数の代表が参加して盛大に開かれた。一方、まきび公園も、翌62年に完成、オープンした。

箭田大塚古墳

吉備寺前から、県道倉敷－昭和線を北へ約500メートル、道の右側に箭田大塚駐車場、左方の山裾に、竹やぶに囲まれて箭田大塚がある。同大塚は6世紀後半の後期古墳。直径46メートルの円墳に西側へ15メートルの張り出しをもつ。墳丘は3段に構築され、幅4～5メートルの周溝をめぐらせている。石室の大きさ、使われている石の大きさなど全国でも屈指の巨大横穴式古墳である。

埋葬施設は組合せ式石棺が3基残されている。副葬品の多くは盗掘により、散逸しているが、太刀環頭、武具、馬具、玉類などの装飾品、土師器などが東京国立博物館や吉備寺に所蔵されている。

なお同大塚は、通常は入口に鍵が掛か

箭田大塚古墳

っているので、内部を見学希望の方（団体が望ましい）は、事前に倉敷市真備支所商工観光係（086－698－8112）へ連絡のこと。

守屋勘兵衛と小田川改修

守屋重行（通称勘兵衛）。慶安2年（1649）、八田村（現箭田の西半分、岡田藩支配地。東半分は矢田村・備前藩所領）の古森に生まれる。農民であったが、土木や水利の才能が認められ、52歳のとき、岡田藩5代目、伊東長救《ながひら》により、藩の山方、普請方として採用された。さっそく元禄16年（1763）、藩の飛び地、美濃の河川改修に派遣され、功績を挙げる。

ところで岡田藩は、それまで毎年のように、小田川の洪水に悩まされ続けてきたので、宝永元年（1704）、勘兵衛に小田川の抜本的な改修を命じた。

当時まで小田川は「自然のままに低地を流れる川」で、尾崎の黒宮以東は、古森の古川～真備中学校付近～坪田へと低地を蛇行しながら流れ、ほとんど堤防もなかった。

勘兵衛はこれまで真備平野の中心近くを蛇行する河身を、尾崎・黒宮付近から、思い切って南の山際に移し、遠田妙見山の山裾や二万外和崎の山裾ぎりぎりに、流れを変えるとともに、川幅や堤防の高さも、遊水の容量まで考慮して決めるなど、当時としては画期的な河川改良工事を進めた。

黒宮から、有井・末政川との合流点ま

での3.6キロの工事は4年余を要し、宝永5年（1708）に完成したが、この工事により、小田川の水害をかなり防いだだけでなく、真備平野に新たに54町歩の美田を生み出す成果も挙げた。

このほか、勘兵衛が手掛けた工事は岡田新道など、幾つかあるが、それらについては川辺・岡田の項に譲って、ここでは、箭田に残した足跡を一、二例挙げておこう。一つは小田川改修に合わせて、現在、宮田橋の下流にある宮田井ぜきの元祖を造ったことだ。

その井ぜきは土嚢を積み上げて、小さいダムを造る素朴なものであったが、水路や樋門を設置し、箭田や尾崎の水田に水を供給する仕組みを作った功績は大きい。二つ目は箭田・吉備さまの拝殿奥に

守屋勘兵衛の墓（箭田古森）

昔の小田川の姿残す古川
（箭田古森）

ある、吉備公墳墓の玉垣と石灯籠2基も勘兵衛が奉納したもので。石灯篭には守屋勘兵衛の銘が刻まれている。

勘兵衛は80歳で藩の職分を退き、翌享保15年（1730）、81歳で没した。墓は箭田・古森集落の東端にある墓地に建てられている。戒名は「智旭淨賢居士」。

八田神社（箭田・山根）

箭田・山根の南参道（吉備さま・八田神社共通）から登ると、吉備さまのすぐ手前を左に折れ、石の鳥居3基が直線にならぶ参道を、約200メートル西に進めば、八田神社の境内だ。八田神社は、もと天神様で、地元の人たちは、今でも八田神社を天神様といい、この丘を天神山と呼ぶ。大正の初め、一村一社令に沿って、八幡宮（仲哀天皇、神功皇后、応神天皇）や、白石神社（大国主命ほか出雲大社系）、御崎神社（艮御崎勧請）などを合祀し、祭神としている。秋祭りは10月の第4土・日曜で、土曜日夕方は、境内に夜店が並び、神楽堂で備中神楽が奉納される。

明光山・薬師寺（真言宗　箭田・半田）

吉備寺前の高馬川（小田川支流）に沿い、北へ約400メートル（途中、県道倉敷・昭和線の新道を横切って）進むと、左手に薬師寺が見えてくる。

真言宗御室派。本尊は薬師如来。門の正面にある寄せ棟の建物が本堂、そのうしろの山の中腹にみえるお堂が、当寺の守り神を祀る庚申堂。

開基は平安時代とされているが、定か

ではない。現本堂の棟札には宝永2年（1705）の書き入れがある。境内には高野槙《こうやまき》の古木が2本、天に向かって高さを競う。

大覚山・法華寺（日蓮宗　箭田旭丘）

建武2年（1335）大覚大僧正の開基という。大覚大僧正は日蓮宗初期の高僧で、南北朝時代に備前・備中・備後地域に、はじめて日蓮宗を広めた。真備町箭田と服部にある日蓮宗4か寺のうち、3か寺が大覚大僧正の開基である。

　法華寺はもと、現真備中学の近くにあり、広い敷地に七堂伽藍を配し、多数の

八田神社

真言宗・薬師寺

日蓮宗・法華寺

末寺を抱えた大寺であったと伝えられる。明治27年（1894）の小田川洪水で大きな被害を受け、現在地の高台に移った。その際、本堂は真備町市場、正蓮寺の本堂を譲り受けて移築したという。水害で、多くの記録や資料が失われたが、大覚大僧正直筆の「南無妙法蓮華経」のお題目の版木は、奇跡的に残った。

大覚山・慈源寺（日蓮宗　箭田所生）

箭田の小田川以南の地区は山と川に挟まれ、真備町内でも人口が比較的少ない土地である。ここに日蓮宗のお寺が、箭田分で慈源寺・妙伝寺、服部分の遠田にも本住寺と、3か寺がある。東西1キロ内の狭い地域に、日蓮宗寺院がこれだけ集中しているのは、やはり大覚大僧正の大きな法力と、地域に熱心な信者が多数いたことを示すものといえよう。慈源寺の創建は、法華寺と同じ建武2年（1335）。

有縁山・妙伝寺（日蓮宗　箭田福原）

開基は天正5年（1577）。当地の岡三郎さんという篤志家が、在家の人ながら、信仰心が篤く、また大層、親孝行な人で、亡くなった母親の霊を慰めんと、独力で寺を建てたという。現在の本堂は昭和41年（1966）に改築したもので、珍しく洋風なデザインを採用、モルタル造りにしている。庭には、真備町の天然記念物となっていた樹齢400年といわれる、さつきの古木が十数株あったが、近年、老化により次々と枯渇。しかし根元からでた新芽が成長し、最近では、春にはまた、花をつけるようになった。檀家の人たちは、「このさつきは、有難いお経を毎日聴いているので、枯れない」と、喜んでいる。

妙見山・本住寺（日蓮宗　服部遠田）

行政上は服部に入るが、小田川南の日蓮宗3か寺という関連から、ここに記載する。同寺の開基は、北朝年号で延文3年（1358）、大覚大僧正の創建。もとは京都・妙顕寺（大覚大僧正は妙顕寺2世）の末寺としてスタートした。本尊

日蓮宗慈源寺

日蓮宗妙伝寺

日蓮宗本住寺

は日蓮と釈迦・四菩薩。最近、本堂等を改築、駐車場も拡張・整備した。

真備総合公園（箭田・安明寺峠）

箭田大塚前の駐車場から、県道倉敷―昭和線を北に向かうと、右側に中之池・高津池の二つの大池が続く。その高津池を過ぎたところに、真備総合公園の入口がある。すぐ近くに、「たけのこ球場」と呼ばれる軟式野球場がある。

体育施設は軟式野球場が昭和59年、テニスコート（4面）が昭和61年に完成。体育館は倉敷市との合併後、平成22年に完成した。体育館ではバスケットボール、バレーボール、バドミントン、フットサル、体操、卓球などができ、多目的広場では、サッカーやソフトボールなどができる。

これらの施設が高津池の北と東側の広い敷地に配置され、その間を桜やさつきなど、緑がいっぱいのふれあい広場や自由広場、芝生広場などが連なる。

散歩道としても、高津池の堤防を含め、公園1周（1286メートル）の他、好みに応じ、自由にコースが選択できるので、日替わりメニューの楽しい歩きが可能だ。

箭田のたけのこと竹の道（箭田境）

箭田のたけのこは、県内外で広く知られた、真備町箭田の特産。竹の種類は孟宗竹で、3月から4月にかけ、たけのこの先が、まだ地表に出ない時期に、朝堀りして、出荷する。味は、手前味噌でなく、胸を張って自慢できるものだ。

筍田のたけのこの始まりについて、筍田・境の妹尾家の庭に建つ、「筍田の筍元祖の碑」は、概略次のように記している。

「当家ご先祖、妹尾嘉吉氏が文政年間（1818～28）、吉備郡下倉村（総社市昭和町）から、孟宗竹3本の分譲を受け、当家近くの畑に移植。これが気候風土に恵まれて、良質の筍を産し、目下筍田の筍として名声をとどろかせり」

昭和40、50年頃の真備町の筍出荷高は年1000トンを超え、町の最も重要な特産品であった。吉備郡真備町時代、町は「町木」に「竹」を選んだ。「竹は木か」という意見も出たが、町は竹を町木とした。ちなみに竹は、植物学上は稲科の植物である。

真備総合公園

〝竹のまち〟孟宗竹林

こうした「箭田のたけのこ」であるが、その将来には、いささか不安がある。筍生産者の高齢化と後継者不足から、年々、栽培管理が行き届かない藪が増えていることだ。早いうちに何らかの対策が望まれる。

「歩くコース」としては、良く管理された竹林の道は、ほどよい木漏れ日、風に揺らぐ竹の葉の音、心癒される竹の匂いなど、ぜひすすめたい「竹の町」コースである。箭田の境から土師谷《ひじや》の北側に広がる竹藪が、やはり良い。

雄大なパノラマ・反古山山頂

箭田の中央付近からは、真南に優美な姿を見せる反古山《ほうぐやま》。207メートルの山頂は、眼前に雄大なパノラマが開け、倉敷の市

箭田方面から望む反古山

街地や高梁川河口の工業地帯などのほか、遠くは、岡山や総社・玉野方面の山々まで手に取るように一望できる。元旦には、暗いうちから、この頂上に登り、初日の出を拝む家族も多い。

　反古山の登り口は3コースあり、①吉備真備駅に近い箭田橋で小田川を南に渡り、所《ところ》生《う》の集落から反古山に登る道。②二万橋の南詰め堤防の道を少し西へ進むと、左側に山に登る広域農道がある。その農道をしばらく登ると、中腹に三叉路があり、右が山頂方面。③上二万から金山集落に行く路を登り、途中、広域農道や金山集落などを通り抜けて、山頂をめざすコース。いずれも片道40分ほどで、家族連れでも比較的楽に登れる。

　反古山のもう一つの顔は、元鉱山という顔。それについては二万の項でまた触れる。

呉妹（尾崎・妹）を歩けば

①熊野神社　②黒宮大塚　③穴門山神社　④線刻阿弥陀如来像
⑤石田・毘沙門天立像　⑥琴弾岩　⑦猿掛城址　⑧鳥が嶽城址
⑨諏訪山城址　⑩畑岡の地蔵　⑪荒木文十墓　⑫蓮花寺
⑬照寂院　⑭八高廃寺　⑮谷本陣屋跡　⑯服部八幡神社
⑰弥高八十八か所霊場

真備町呉妹・服部地区

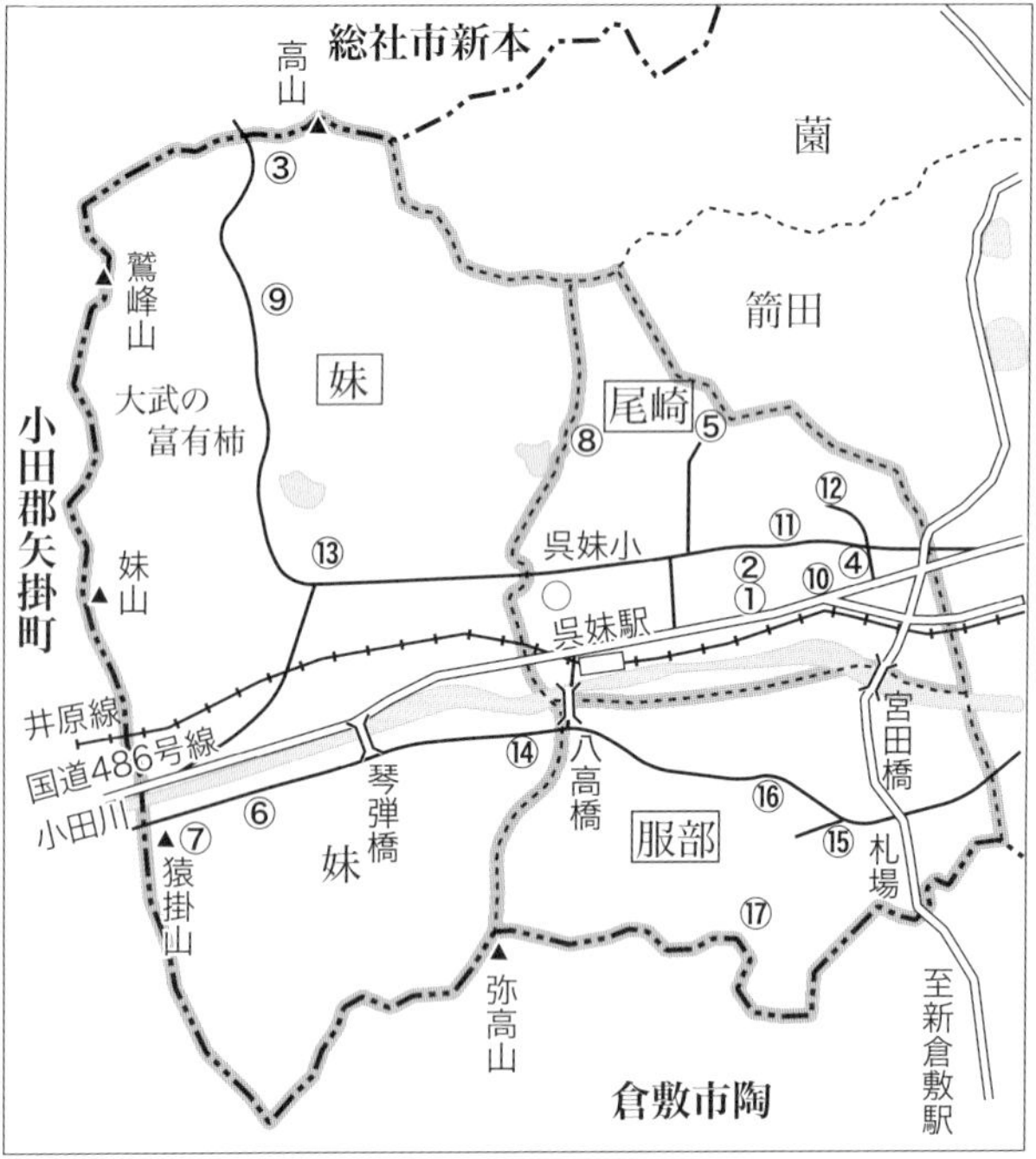

呉妹（尾崎・妹）を歩けば

「呉」と「黒」を探る

「呉妹の歩き」を、まず呉妹の「呉」と、黒宮の「黒」を探ることから始めよう。

いまの真備町尾崎地区と同服部地区は、古代には呉服部《くれはとり》という一つの集落であった。当時の小田川はまだ整備されておらず、自然のままに低地を蛇行する細い川で、ほとんど堤防もなく、川が地区を二分するような境界ではなかった。

呉服部とは、「古代中国・呉の国から来た、織物職人」という意味である。呉服店とか、呉服屋さんとかの呉服も、語源からいえば、同じである。

平安時代の「倭名類聚鈔（以下『和名抄』と略す）」によれば、下道郡の中に呉妹郷と穂北《ほきたごう》郷という地名が出てくる。呉妹郷というのは呉妹の東半分の呉服部と、西半分の妹が合体したもので、のちの呉妹村に引き継がれていく地名である。穂北郷は呉服部から別れた服部と、今は玉島分に入っている陶《すえ》地区が一緒になったもので、のちの穂井田村に受け継がれていく。

さて「黒宮」だが、黒宮は尾崎の旧山陽道に接した丘陵に、平安期に創建された「熊野神社（熊野権現宮）の別称である。元は呉服部の共通の産土神であった。黒宮は、初め呉宮であったものが、いい易さから「黒宮」になまったものといわれている。

のち服部が小田川を境に、尾崎と分か

れたとき、神社も別に、八幡神社を氏神として建てたため、黒宮は尾崎だけの氏神となったが、明治の初め、黒宮の全面改築と合わせ、妹を含む呉妹村全体の氏神、村社となった。

なお、熊野神社の祭神はいざなぎ・いざなみの命、春日大社、八幡大神、大国主命、菅原神等、18社の合祀で、20余神となっている。秋の大祭は10月の第2土・日曜日。

弥生の首長墓「黒宮大塚」

「黒宮」は熊野神社の別称ということの他に、もう一つ、「黒宮大塚」という歴史遺産と重なることで、歴史的にはいっそう大きな意味をもつことになる。

熊野神社の拝殿を左にすりぬけ、背後の丘を登ると、頂上に八幡宮の小さい社がある。この丘が長径約40メートルの前方後方墳、黒宮大塚である。昭和52年の発掘で、社のすぐ傍から竪穴式石室が発見され、器台や高杯など、多数の土器類・勾玉などが出土した。社殿の直下にも別の石室が存在する可能性が高いが、その発掘は当面難しい。

この黒宮大塚が注目されるのは、弥生という時代に、この地に、一般の豪族よりもはるかに大きな勢力をもつ首長的豪族がいて、その後の古墳時代にさきがけ、これまでにない立派な墳墓を築き、葬られていることである。それはまた、この地方に、それを可能とする豊かさと、文化があったことを示している。

呉妹では早くから稲作が盛んに行われ、

黒宮大塚

熊野神社（黒宮さま）

弥生時代から、谷ごとに、農業用のため池が造られた。その一つ、呉妹池の上の「蓮池」池尻から、大正時代に、高さ48.5センチの精巧な銅鐸（東京国立博物館所蔵）が掘り出された。銅鐸は稲作の無事を神に祈る祭祀の最も大事な道具であった。いずれにしてもこの地方が、農業を中心に、大いに発展した先進地域であったことを物語っている。

伝「式内社」の穴門山神社

妹の高山《こうやま》（384メートル）の8合目ほどのところに穴門山神社が祀られている。平安初期にまとめられた「延喜式」に、下道郡内の式内社は5社、その中に穴門山神社が挙げられている。ところが高梁市の川上町高山市にも、同名の穴門山神社があり、その川上町も、元は下道郡に属していた。そこで、「当方こそ式内社」という論争が長年続いてきた。

明治8年、政府が「川上町が式内社、妹はその末社」と裁定し、以来、式内社問題では川上町がやや優位に立ってきた。

しかし式内社かどうかは別としても、妹側が論拠としてきた、①同神社裏の巨岩は古代の信仰遺跡いわくら、②付近から鏡や鉄器、麓から銅鐸などが出土、③古くから小祠があり、広く信仰されてきたのは事実である。

さて穴門山神社、主神は穴門武姫命で大国主命や出雲系の神々なども合祀されている。農業の神として尊崇され、明治から昭和30年頃まで、祭りなどには、農具や植木などの市も盛大に開かれ、岡山や児島方面、また県外では備後方面からも多数の参詣者が訪れた。

穴門山神社の高山を真北にのぞむ、妹の旧山陽道から、200メートルほど入ったところに、大きな赤鳥居が立っている。昔から遠方の参詣者にはこの赤鳥居が穴門山神社の目印であり、また参道口でもあった。しかし最近では、この参道が荒れて、登るのが難しくなっており、かわって呉妹小学校の西側から同神社方面に向け、林道が通じているので、歩いても、また車でも比較的楽に参詣することができる。

尾崎の「線刻阿弥陀如来像」と石田の「毘沙門天立像」

呉妹には、中世の特色ある歴史遺産が

穴門山神社

各地に点在する。次にあげる2か所の石仏も、その一例である。

その一つは尾崎の東谷集落の取り付きのところにある、十字路の小さいお堂に祀られた「線刻阿弥陀如来像」である。高さ85センチ。幅57センチの自然石の表面に、阿弥陀如来の座像(高さ58センチ)が線刻された、実に素朴な石仏である。紀年銘は寛元4年(1246)、今から770年前の建立で、県指定の重要文化財である。

その二は、尾崎の石田、石鎚山(標高166メートル)の山頂近くにある巨岩に彫られた毘沙門天立像である。高さ、幅とも約4メートルの自然の岩に彫られた磨崖仏で、立像本体の高さも1.7メートル。甲冑をつけ、宝棒を握り、足で鬼を踏みつけた毘沙門天の立ち姿は、四囲を圧して力強い。

旧山陽道筋には毘沙門天の磨崖仏は多数残されているが、この石鎚山のものは最も古く、室町後期の作といわれ、倉敷市の重要文化財に指定されている。近くの住民たちは、地域の守り神として、この像を崇め、今も登山道の整備や、正月には像の前で火を焚き、しめなわを飾るなどの行事を続けている。

道順は、井原鉄道の呉妹駅からスタートすれば、駅前の国道486号線を東へ300メートル、山陽化成のところから左(北)へ折れる。その角に、毘沙門天立像への小さい矢印看板があり、以降も要所要所に同様の看板が立っているので、目印となる。麓から磨崖仏までは約20分の行程。

磨崖仏のすぐ上が山頂。山頂へは磨崖仏前から右回りに迂回していけば登りやすい。山頂からの眺めはけっこう見ごたえがある。

石田の毘沙門天立像

織豊時代、真備町は毛利・猿掛城の所領

中世・戦国時代から織・豊時代にかけ、呉妹には猿掛、鳥が嶽、諏訪の三つの山城があり、そのうち、猿掛城は城主こそ何人も変わったが、延べ250年余も戦国時代の城として激動の時代を駆け抜けてき

尾崎の線刻阿弥陀如来像

た。一方、鳥が嶽、諏訪山は臨時的な砦といった性格の山城で、実際にも長期間、城として使われたという記録はない。

それと、後者二つの山城は、残念ながら近年、道が荒れて、城址まで登ることは困難な状況である。ただし両山とも山の容姿はなかなか見事なので、呉妹を歩く際は、ぜひ山の姿を楽しんでいただければと思う。

さて猿掛城。築城は、もと関東の武士、庄氏によることはほぼ間違いない。庄氏がこの地と関わるようになったのは、寿永3年（1184）の源・平一の谷合戦に、源氏方として参戦した庄氏が勲功を立て、源頼朝から、（平家領であった）備中草壁郷（矢掛町横谷）を賜り、その後、猿掛山西麓の横谷に館を建てたことに始まる。

その本陣を足場に、戦国の野心家として、まず備中地区の覇権を求め、周辺の攻略に動き始めたことが、猿掛城築城につながったと思われる。

猿掛城が史料上に初登場するのは延徳3〜4年（1491〜2）、庄為資が、上役である備中国守護の細川政元に反旗を翻して挙兵した備中大合戦で、為資がこの城を根拠地にしたという記録である。猿掛城の築城は14世紀の半ばか、後半ではなかろうか。

戦国時代中盤の天文年間（1532〜55）には、毛利元就・三村家親による庄氏攻撃（猿掛城合戦）など、猿掛城がたびたび登場し、「庄氏＝猿掛」の名が広く知られるようになった。しかし永禄

2年（1559）、庄為資が毛利に屈服した後、毛利方の三村家親が長男の元資を養子として猿掛城に送り込み、庄元資を名乗らせて、三村家親が備中一円を統括することになる。

その後、元資が元亀2年（1571）、備前・宇喜田直家に破れて戦死した後、猿掛城は天正2年（1574）に始まる備中兵乱の中で、毛利軍に攻め落とされ、毛利元就の4男元清が猿掛城に入城する。

天正3年（1575）、毛利輝元は元清に猿掛城の領地として、現真備町、矢掛町、美星町、倉敷市中島、同連島の16か村を与えた。

これにより真備町は、毛利・猿掛城の所領となるのであるが、この体制は天正10年（1582）、羽柴秀吉の「高松城水攻め」の後も続くことになる。

高松城攻防戦で、毛利方の援軍本体は毛利輝元の総指揮で、猿掛城に布陣した。戦いは結局、城主清水宗治の切腹、高梁川の東を織田、西を毛利の支配地とすることで決着し、真備町は毛利の支配が継続することとなった。

では猿掛城はいつまで続いたのか。一つのポイントは、城主元清が毛利輝元に「猿掛城は高峻で不便、矢掛の茶臼山に替わりの城を築きたい」と申し出て許され、さっそく築城。天正12年（1584）、元清は、猿掛城に子・秀元（当時6歳）を残して茶臼山城に移った。これで実質的に猿掛城は役目を終えたことになるが、最終的な廃城はやはり関が原戦の後ではなかろうか。

関が原戦で、毛利は最後まで徳川方には加わらなかった。徳川家康はその罰として毛利の所領を防長二国に削り、ほとんどを没収した。真備町も一時的に徳川幕府直轄の天領となり、追って川辺藩・岡田藩の伊東氏所領に再編されていくのである。

戦国騒乱の時代をこれほど激しく、これだけ長く駆け抜けた城は、岡山県下でも随一といっていい。

その猿掛城祉へ、昔のつわものどもに負けず、いざ駆け登ってみるか。

猿掛城址

琴弾橋で小田川を南に渡り、西へ300メートルほど進むと、琴弾岩がある。吉備真備が晩年、この上で琴を弾いたと伝えられる岩だ。岩の上部はやや傾いているが、4畳半ほどの広さがあり、川にせり出すように座っている。戦後、地元民の主導で毎年、この岩や前の小田川の河原を使って、弾琴祭が開かれている。

琴弾岩から、さらに西に進むと、左の山裾に、高圧線の鉄塔があり、近くに「猿掛城登り口」の看板が立っている。登山道はかなり急なジグザグ道であるが、途中一休みしても、30分ほどで頂上の城址へたどり着く。標高は233メートル。

山頂の尾根には北から6の丸、5の丸、4の丸と、少しづつ高くなり、一番南の高いところが1の丸（本丸）で、それぞれ、平坦な曲輪《くるわ》（山の斜面を水平に削ったり、土塁や石垣で平坦にした広場）となっている。周辺の斜面にも、4か所ほど曲輪があり、井戸跡やいくつかの施設跡も残っている。

城の南端（本丸）は弥高山と連なるが、防衛上、容易に敵が近付けないよう、深く、けわしい堀り切り工事を行なっている。

城址北端から北を望むと、妹山、鷲峰山といった300～400メートルの大きい山が眼前に迫り、それらの山と猿掛山の間の狭い谷間に、小田川と旧山陽道がくっついて走っている。猿掛城の軍事的、政治的位置づけが、その景観からもうかがえる。

尾崎の荒木文十、薩摩藩士を一撃

江戸時代、山陽道を旅する人に、小休止や酒食を提供する茶店が、宿場と宿場

戦国の時代を駆け抜けた猿掛城址（中央の山）

の間に2～3軒設けられていた。川辺宿と矢掛宿の間にも、東から、箭田の桑之市、尾崎の畑岡、矢掛・東三成の藤の棚茶屋の、3軒があった。尾崎・畑岡の茶屋は黒宮様から東へ300メートル、畑岡のお地蔵さんのすぐ傍にあった。

江戸時代の中期、天明7年(1787)5月9日の昼下がり、その事件は起こった。

西国の大藩・薩摩の殿様の行列（参勤交代で帰国する途中）の先ぶれを勤める2人の藩士が、この茶屋に立ち寄って、したたかに酒を飲んだ。店を出るとき武士が金子の両替を求めたので、おかみが、時価で小銭に換え、渡したところ、突然武士が「換金が少ない」と、どなり始めた。困り果てたおかみが、隣の荒木文十に助けを求めた。

文十は丁寧に詫びたが、武士はさらに居丈高に大声でどなり続けた。文十が最後に「本日のお代はサービスします」といったところ、武士はいきなり抜刀して文十に切りかかった。文十は町人であったが、学問や武術にたけ、練達・剛毅の人であった。文十はすばやく身をかわし、逆に武士の刀を奪って、返す刀で一撃のもとに武士を討ち取った。連れの武士は恐れをなして、一目散に逃げ、矢掛に着いたのち、自らの行為を恥じて自刃した。文十はすぐさま岡田藩に自首し、経過を説明した。藩は大藩薩摩の仕返しを恐れ、文十を拘留するとともに、薩摩へお伺いをたてた。薩摩藩はこれ以上藩の恥をさらしたくないので、文十の扱いは岡田藩にまかせると逃げの手を打った。岡田藩は薩摩の意向を推し量り、6月29日、文十を打ち首とした。文十このとき31歳。

文十の墓は尾崎、中の谷の本郷公民館横から坂道を200メートルほど登り、さらに左方に100メートルほど行ったところに、木立に囲まれた荒木家の墓所がある。墓所の中央あたり、「荒木文十高政」と銘した墓が、それである。墓の後には明治の著名な漢学者、倉敷市中島出身の三島中州が撰した文十をたたえる記念碑が建てられている。

村人たちは、文十を惜しむとともに、大藩や藩士らの横暴、また大藩を恐れて

荒木文十の墓

文十を処刑した藩への批判も込めて、次のような歌を作り、語り伝えた。

「畑岡に　さつまのつるが　伸びすぎて　つじ（つるの先）を止めたる　荒木文十」

高見山・蓮花《げ》寺（真言宗　呉妹尾崎）

真言宗御室派、もとは鷲峰山捧沢寺（矢掛町東三成）の末寺であったが、昭和2年（1927）、仁和寺の直末寺となった。本尊は弘法大師と千手観音、十一面観音、正観音。創建の年代はよくわからないが、本尊の千手観音は鎌倉期のもの、現在の本堂、鐘楼は400年以上前に建て替えたものという。

蓮花寺は昔から、地域の世話をよくした寺として知られてきた。先に述べた荒木文十の事件のときも、文十に斬られた薩摩藩士の遺体を、薩摩藩は放置して帰国してしまった。地元民が困っているのを見て、蓮花寺の住職が「私が引き受けましょう」といって寺に運び、丁寧に弔って、前の山にある墓地に葬り、墓も建てた。「白應慧刃信士」と戒名を彫った墓が、寺の前の墓地の入口に、今もある。

鷲峰山・照寂院（真言宗　妹）

真言宗。平安初期、弘法大師が創建したと伝えられる鷲峰山捧沢寺の八坊の一つ、照寂坊が前身。明治13年（1880）、妹村の村民が照寂坊を妹に迎えたいと願い出て、妹・大武《おおぶ》の旧観音寺跡に移し、寺名を照寂院と改めた。昭和3年（1928）には捧沢寺からも分離し、独立した。

本尊は阿弥陀如来、寺域に観音堂が建っているのは、廃寺となった旧観音寺のお堂である。

県指定史跡　八高廃寺（妹・八高）

八高廃寺の所在地を、服部の八高とする文献が、いくつもあるが、正確には妹の八高である。妹と服部の境界線は、八高橋南の十字路のところへ弥高山から流れてくる八高川が境で、その東が服部、西が妹である。八高地区は妹と服部の両方にまたがっているが、八高廃寺は妹の側にある。

八高廃寺へは、井原線呉妹駅近くの八

真言宗蓮花寺

真言宗照寂院

吉備公伝承の琴弾岩

高橋で小田川を渡り、十字路のところから西へ約200メートル、次いで左の緩い坂道を100メートルで廃寺に着く。

　塔心礎は長径189センチ、短径141センチ、中央に直径24センチ、深さ15センチの円孔をもつ堂々たる礎石である。7世紀後半、この上に華麗な塔が建ち、周辺にはいくつもの大きな堂宇が整然と配置されていた。付近からは、箭田廃寺や岡田廃寺から出土したのと同様の、白鳳期の蓮華文軒瓦などが多数見つかっている。

◇────・────◇────・────◇────・────◇

服部を歩けば

小田川の自然を満喫

「服部を歩く」と、どんな楽しみが待ち受けているのか。最初に、箭田方面から服部への玄関口、小田川にかかる宮田橋（通称たけのこ橋）を起点・終点とする、とっておきの散歩コースをご紹介しよう。

　名所・旧跡がらみのコースではないが、「散歩の達人」が「あそこはいいよ」とすすめる穴場のコースだ。四季それぞれの自然が楽しめ、また堤防上からは服部や呉妹、遠くは東に清音や福山、ひるがえって西には矢掛の山々まで、一望できるロケーションの良さ、道筋には、桜公園や鎮守の森などもある。歩くうえで好都合なのは、車が少ないこと。たまに「歩く人」と会うこともあるが、「いいお天気で。ご苦労様」と声をかければ、お互い心も和む。

さてそのコースだが、基本コースといくつかの組み合わ

小田川の風景（宮田橋上流）

真備さくら公園（呉妹駅近く）

せコースがある。
［基本コース］　①宮田橋で小田川を渡り、②南側堤防を西へ、③八高橋を北に渡り、④桜公園（井原鉄道呉妹駅近く）を東へ通り抜け、⑤堤防の道を⑥宮田橋北詰めに帰着（1周3.6キロ）。
＊呉妹駅スタートで④－⑤－①－②を回り、同駅に帰着も可。
［組み合わせコース］
A：基本＋黒宮様立ち寄りコース
（計4.6キロ）
基本の④桜公園の東端から左に折れ、国道486号線を横切って、黒宮様の石段95段を登り（足を鍛える趣旨）、熊野神社に二拍一礼、（石段が苦手の人は国道沿いの公園を周遊し）もう一度桜公園東端に戻り、堤防を①に帰る

B：服部周遊コース（4.2キロ）
宮田橋－（真谷川堤防）－札場橋－（札場～八高線）－八幡神社－関屋池－八高橋－（小田川新田土手）－宮田橋
上記以外にも体力や好みに応じて、いろいろコース設定が可能。

札場・谷本陣屋界隈

宮田橋南詰めから東方向の旧道（小田川の支流、真谷川の堤防）を進むと、約500メートルのところに十字路がある。このあたり、「札場」という地名だ。札場とは、昔、藩が領民に告知・命令するときに使った高札（掲示板）が立つ場所のこと。

江戸期の初め、この地方を領有することになった岡田藩・伊東長実が領地入り

し、最初の陣屋を構えたのが、服部・谷本陣屋だ。長実が初めてお国入りしたのは、元和2年（1616）3月、海路を西下し、玉島・亀山港（新倉敷駅西方）に上陸した。ところが亀山港には馬や篭などの整備は一切なく、結局、迎えに来ていた水川与左衛門（20歳）が、殿を背負って、陣屋まで5.5キロの道を、送り届けることになる。このお国入りのエピソードは、それ自体、ユーモラスで面白いが、驚くことは、もう一つある。

伊東家が谷本陣屋にいた期間は足掛け8年で、川辺陣屋の方に移っていくのであるが、不要となった谷本陣屋を与左衛門の水川家が譲り受けることになる。以来、400年経ったこんにちも、水川家15代目の子孫が、旧陣屋前に居を構え、しっ

岡田藩最初の谷本陣屋跡（服部）

かりと陣屋敷を守り続けていることである。ここでは400年前の歴史が、過去のことではなく、現在もなお、継続・進行中なのである。

さて谷本陣屋跡であるが、札場の十字路から西へ約200メートル余り、弥高山の山裾にある。もちろん今は建物はないが、背後は急峻な崖で守りを固め、屋敷周りは石組の水路で囲み、山から流れ下る谷川の水を導入するなど、陣屋の面影をとどめている。

このほか、谷本集落の「歩き」では、陣屋跡から直線距離で南へ約200メートル、谷本集落の中央付近から、山の方に少し上がったところに、古い墓地群がある。その正面に、水川家の墓地があり、古いお墓とともに、水川家の系譜や、何代に

水川家の墓地と記念碑

もわたる祖先の活躍を記録した、みごとな石の記念碑が建てられている。建立は近年だが、ぜひ一見をすすめたい。

八幡神社（服部・久能《くのう》）

服部の旧村社。祭神は応神天皇、仲哀天皇、神功皇后、市杵島姫命。この八幡神社はもと、服部・八高の山の頂上近くにあったが、江戸時代、現在地に移ったといわれる。

服部が尾崎と同一の集落であった頃は、尾崎の黒宮様が共通の氏神であった。のち、小田川を境に、服部と尾崎が分かれたとき、黒宮は尾崎（追って妹と合併し、呉妹村となる）の村社となった。この経過の中で服部村は八高の山に、独自の氏神として八幡神社を建てた。しかし八高

服部八幡神社

の八幡神社は所在地があまりに高所なため、参詣や世話が困難なことから、江戸期に現在地、久能へ新築、移転した。

久能への移転で、「神社が高所すぎる」という悩みは解消したはずであったが、昨今の高齢化社会の進展で、「久能の八幡さまも、歩いて登るのはつらい」という声が、また上がってきた。下の道から境内まで、石段は65段、元気な人なら、さほど問題ではない高さだが、高齢者はそうはいかない。そこで神社総代さんらが知恵をしぼり、石段に手すりを設けたり、軽自動車なら境内近くまで登れる道も造り上げた。

同神社の秋祭りは10月第4週の土・日曜日。土曜夕には備中神楽が上演される。

弥高霊場八十八か所巡り

服部は、北側を小田川が東西に走り、南側は、標高310メートルの弥高山がどっしりと横たわる。その弥高山の広大な山上いっぱいに、八十八か所霊場（1周11.5キロ）が開かれている。開基は明治4年（1877）。

江戸時代の後半、岡田藩は弥高山の開墾を積極的に進め、幕末ごろには、山上154町歩の新田が藩の所有となった。それを記念して、開拓団の代表らが中心となり、各方面の喜捨や奉仕によって、霊場が実現したものである。

完成後、弥高霊場の評判は大変な盛り上がりを見せ、明治10年ごろからは、大師縁日などは、遠隔地からも多数の巡礼者が訪れ、山は終日、にぎわった。

ところが、第二次大戦後、様々な要因から、弥高巡拝への一般の関心が薄れ、特に高度成長期には、この山上に、産廃捨て場や牛・豚・鶏などの飼育場が多数持ち込まれるなど、イメージ悪化も重なり、巡拝者は急減、遍路道も荒れてきた。

しかし、こうした時期にも、少数ながら弥高の自然や、霊場保存を願う人たちもいて、巡拝が絶えてしまうことはなかった。一方、近年になって、心強い協力者が現れ、明るい動きが出ているのは、うれしいことだ。協力者とは、弥高山に開設された、住倉学園の地域奉仕活動である。

住倉学園は、弥高霊場の終盤コース、82番、83番札所に近い巡拝路に沿って立地しており、学園として、少しでも地域

弥高霊場１番札所

に役立ちたいと、霊場の補修、整備に乗り出し、あわせて年2回（春秋）、学園利用者・職員で、霊場を歩く行事を定例化してきた。この取り組みは霊場の保全に大いに役立ち、巡拝者を喜ばしている。

さて、弥高霊場へのアクセスであるが、残念なことに、1番札所に最も近い服部・谷本集落からの登り道が、近年荒れてきて、登るのが困難になっている。

そこで、替わりの道であるが（真備町側からは少し遠回りになるが）、服部札場から、県道倉敷－昭和線を1.5キロほど南下し、穂井田小学校西の麓から弥高山に登るルートをすすめたい。山上に着くと、三差路から右（東）へ少し進めば、先ほど紹介した住倉学園がある。なお、この道は車が通る道でもあるので、もし住倉学園まで車で直行すれば、時間と労力など、大いに助かることは事実。車の駐車は、学園にお願いすれば、了承していただけよう。

霊場巡りは、学園から83～88番を経て、1番札所までは比較的近い。そのあとは、順に従って、楽しくご遍路されたい。

なお弥高霊場は、いたるところで、すばらしい眺望に出会えるのが楽しみだ。瀬戸内海や四国の山が見えたり、児島・岡山・総社方面の山や街並み、また猿掛城や旧山陽道などを足下に見下ろすところもあれば、摩崖の毘沙門天様に会えるところもある。

吉備霊場八十八か所巡り

八十八か所霊場は真備町周辺に、小さ

いところも含めると、幾つかある。そのうち吉備霊場八十八か所巡りを、ここで紹介しておこう。この霊場がいつ開かれたかは不明であるが、当初は下道郡八十八か所霊場と呼ばれており、明治30年代に、現名称に変わったとされる。

さて当霊場は、総社市上原の興禅寺を一番霊場とし、神在地区が1～5番、次いで真備町岡田が6～12番、以下、薗13～20、川辺21～24、二万25～30、倉敷市陶地区31～38、真備町服部39～42、呉妹43～53、箭田54～59、総社市新本60～68、同山田69～74、同久代75～85、同秦86～88番で結願となる。

八十八か所中、真備町内が46か所で半数以上を占め、総社市の高梁川以西が34か所、倉敷市陶が8か所となっている。

一番霊場興禅寺（総社市上原）は
かつて下道・吉備の郡内であった

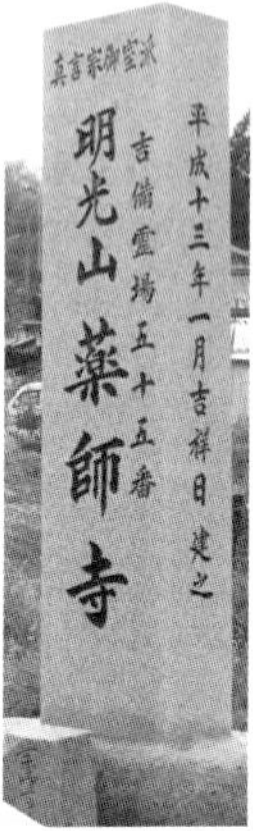

箭田・薬師寺の吉備霊場55番の標石

コース全体の里程は、28里33丁３間〈約115キロ〉。これを昔の人は、３日間で完歩したという。よほどの健脚と、「同行二人」の清らかな心をもって、ひたすらに歩み続けたものと感服する。正直に申し述べると、わが「歩く会」も、当コースを何回か完歩しているが、利用手段はマイ自転車。１日行程は８~10か所で、全コースの完了は延10日以上、結願が２年越しとなることも珍しくない。それでも、しばらくすると、誰かが「また１番から歩こうや」と、言い出すのがいる。

川辺を歩けば

①川辺の渡し　②一里塚跡　③土居屋敷跡　④川辺本陣跡
⑤川辺脇本陣跡　⑥民御崎神社　⑦岡田新道　⑧源福寺
⑨蔵鏡寺跡　⑩ふるさとビオトーク　⑪南山城　⑫稲荷宮
⑬天狗山古墳　⑭真備いきいきプラザ

真備町川辺地区

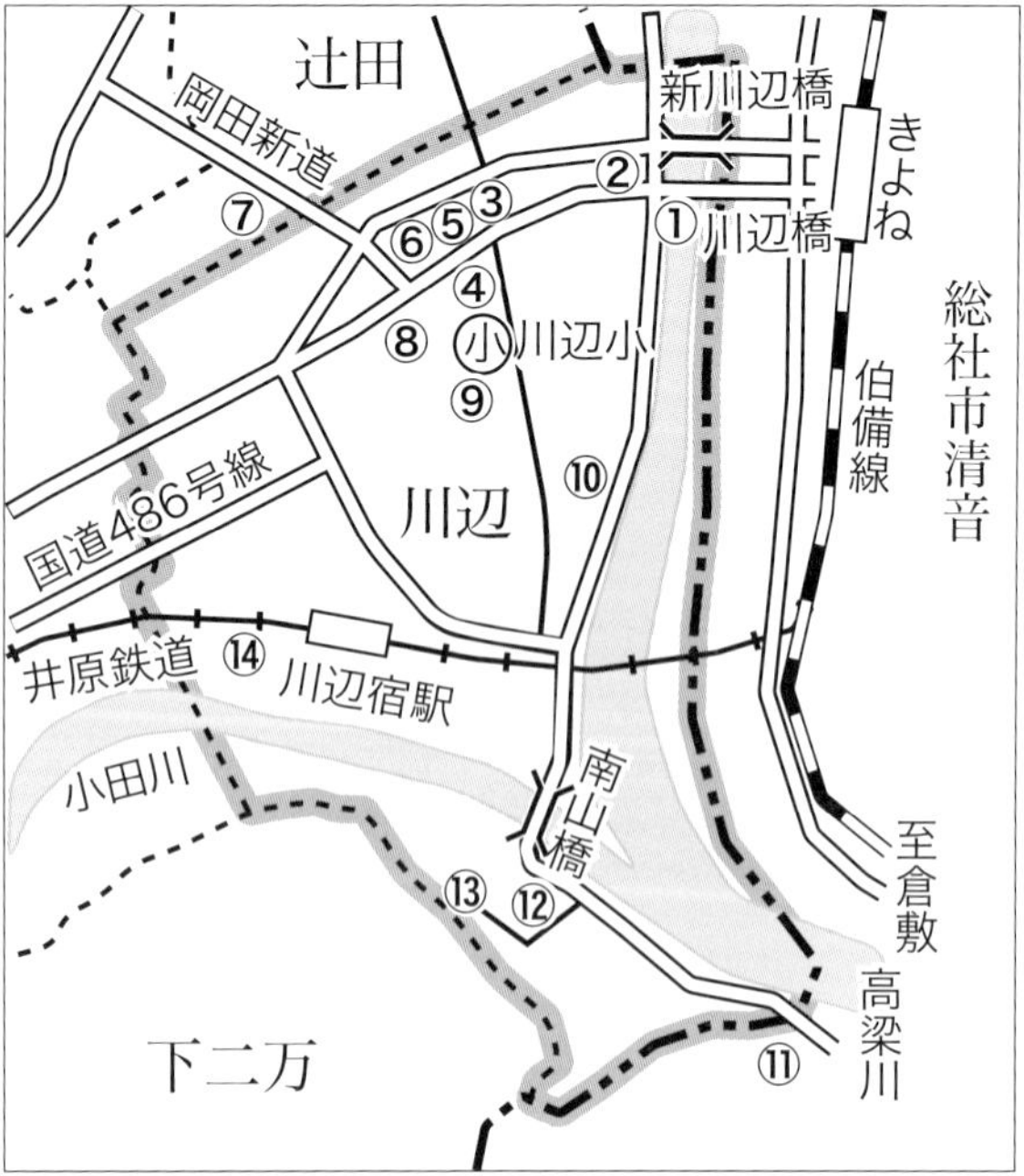

川辺を歩けば

川辺とは

　真備町川辺は高梁川と小田川の合流地点、真備町の東端に位置し、東は総社市清音、北は総社市下原《しもばら》・真備町辻田と岡田、西は真備町有井、南は真備町下二万と船穂町柳井原に接する。人口約４千人。近年は水島工業地帯のベッドタウンとして、最近は商業地として急速に発展している。

　現在の高梁川や小田川の堤防ができる以前は、微高地として中洲を形成し、その上に町が発展した。古代山陽道の駅家《うまや》があり、近世は山陽道の宿場町として、また、高梁川と小田川の川港として、水陸交通の要衝として栄えた。また、両河川の水難とたたかい続けた地域でもあった。

川辺の地名の起こり

　川辺の地名の起こりについては、川の辺《ほとり》であるとか、古代の部民制の漁労や舟運を掌る川部とかいわれている。川辺の地名が歴史上最初に見えるのは、正倉院文書、天平11年（７３９）「備中国大税負死亡人帳」記載の「窪屋郡白髪郷川邊里」である。高梁川の東側の総社市中原・真壁・三輪・三須・清音や倉敷は窪屋郡だが、川辺は平安時代にできた和名抄では下道郡川部《かわのへ》だから、当時は高梁川の流れが変わっていたのだろうか。大化の改新の詔では国や郡などの境界は、川や山の稜線と規定されていた。

なお、白髪郷は清寧天皇が生まれながらにして白髪だったということで、良字で無いので、後に真壁郷と改められた。

川辺橋

伯備線清音駅から駅前道路を西に300メートル歩くと高梁川の堤防に突き当たる。堤防に2本の橋が架っていて、下流南側が昭和8年に開通の旧川辺橋である。この橋は鉄筋コンクリートだが、道幅4メートル、バスがすれ違うのがやっとで、通勤通学の時間帯は交通量も多くて危険だったので、上流100メートルに昭和53年、自動車専用、道幅6メートルの新川辺橋が造られ、旧川辺橋は自転車と歩行者の専用として残った。

新川辺橋上流約10メートルにもう一代前の古い木の橋があった。明治26年の大洪水の後、明治40年から大正14年にかけて高梁川の大改修があり、現在の堤防が完成した。その堤防の清音と川辺間に465メートルの木の橋が完成した。当時としては、岡山県下最長の橋であった。その木橋は旧川辺橋完成後に撤去されたが、川の右岸に木橋の橋杭やワイヤーの一部が水面に露出して残っていたが、平成26年の新川辺橋の耐震補強工事の際、残念ながら撤去された。

高梁川の大改修前の明治時代のころは、高梁川は2本の川に分かれ、中島側（清音側）には木橋が架り、中洲でできた中の島の川原を歩き、川辺側の本流は板橋だった。板橋とは、川に杭を打ち込み、その上に板を乗せたもので、洪水のとき

はその板を撤去して流失しないように保管した。（高梁川が2筋に分かれていた名残は現在も見ることができる）

橋から東を望むとすぐ前に、海抜302メートルの台形の山、福山が迫まる。頂上からの展望は360度の人パノラマで、「岡山の山百選」の一つ。歴史的にも「太平記」で有名な福山合戦の舞台。南北朝時代、福山に籠城する南朝新田義貞方の大井田氏経軍と、九州で態勢を整え上洛を目指す足利尊氏の弟足利直《ただ》義《よし》軍の戦いで有名。福山の左手の少し低い所に台形の岩肌が見えるのは、鎌倉時代に築かれた幸山城《こうざんじょう》。旧山陽道を眼下に見下ろす戦略上の要衝だ。

新川辺橋。手前に古い木橋の橋杭。

川辺の渡し

川辺の渡し

岡山県の三大河川の一つ高梁川は古来、松山川・川辺川・鳴川・川嶋川とも呼ばれてきた。橋のなかった時代は、大きな川を渡るのは大変なことだった。もっとも、堤防ができる以前、川は自由に流れていて、総社市湛井下流のデルタ地帯は洪水のたびに流れを変えていたので、現在のようにそんなに深くはなかった。深くなったのは、堤防ができて流れを一本化したためだ。

中世以前に高梁川に橋があったかどうか定かではないが、徳川幕府は橋を架けることを禁止したので、川を渡るには、徒歩《かち》か舟であった。参勤交代の大名一行が一度に渡る場合、どのような方法がとられたかは興味のあるところだが、舟で往復していたのでは毛利藩や島津藩は500人以上となるので時間がかかりすぎる。方法として、筏を組むか、舟を流れに沿って一列に並べ、その上に板を並べての通行が考えられる。江戸に船橋、備中高松城にも舟橋の地名がある。

南北朝時代の福山合戦の足利軍や、羽柴秀吉の備中高松城の水攻めの際、毛利の大軍が渡るさまは壮観だったろう。なお、渡しは無料ではなく、料金が決められて渡し場以外を渡ることは禁止されていた。

象も渡った川辺の渡し

第8代将軍徳川吉宗の時代、享保13年（1728）6月、ベトナムから献上の雌雄2頭の象が長崎に上陸した。旅の疲れか、9月に雌の象が死亡、翌年の3月長崎を出港して下関に到着、陸路旧山陽道を江戸へ向けて出発した。

岡田藩の記録によると享保14年（1729）4月12日、象が川辺宿に泊った。川辺の渡しをどのようにして渡ったか不明だが、ずいぶん苦労したはずである。岡田藩の6代藩主、伊東長丘《ながおか》は物珍しさと、象を刺激しないように、竹藪の中でそっと眺めていたという。もしも、自分より位の高い従四位（将軍に謁見するために象に叙位）を授かった象に万が一のことがあると切腹ものだから、無事に領内を通過することだけを祈ったに違いない。

岡山藩の記録によると、岡山で2泊した模様だ。1泊した後、14日出発したが、旭川に架けた橋を恐れて渡らないため、前足にロープを掛け、大勢で引っ張ったが渡すことができなかった。改めて翌日、草などで橋を隠し、やっと渡った。

旧山陽道・川辺の一里塚

新川辺橋の下流側にある旧川辺橋西詰を右岸堤防に沿って下り、矢掛方面に右折する所に一里塚の標石がある。江戸から180里（約707キロ）と標示される。元は高梁川右岸の川辺の渡しのところにあったが、明治26年の大洪水後、明治時代から大正時代にかけての堤防大改修の際、邪魔になるので現在地に移転した。塚には松と柳が植えられていたが、移転にともない伐採された。

慶長年間に五街道が整備されたが、旧

山陽道もその一つ。道中1里ごとに道の両側に5間四方の塚を築き、榎や松を植えて駄賃の目安にしたり、旅人の休憩の場所とした。江戸時代の旅は1日10里として、江戸まで約18日間を要した。岡田藩主の伊東氏が江戸から地元に帰る際、日光東照宮に参詣して中山道を帰る際の記録があり、山道も1日40キロから50キロを重い籠を担いで歩き通している、ただただ驚くばかりだ。朝早く立ち、途中宿場で休憩を取り、夕方になる以前に宿についている。

川辺から西方面の一里塚は、真備町箭田山根にあった。東方面は総社市山手三軒家に塚の跡が残っている。

一里塚から西方面に100メートル進んで行くと、左手に本瓦葺き長屋門付の立派

川辺本陣跡

川辺の旧山陽道一里塚

な家がある。大正・昭和にかけて、近在の村から綿花を集荷し、大正14年に開通した伯備線の清音駅から積みだした綿問屋で繁盛した家である。よく見ると白壁が黒く塗ってあるのに気づく。戦時中、白壁だと、米軍機の爆撃の目標になるので、それを避けるため、黒く塗ったもので、現在まで残っているのは珍しい。

土居屋敷跡

（岡田藩・初代伊東長実《ながざね》の屋敷）

一里塚から西に向かうこと300メートル、川辺小学校の標識のある十字路を右に進むと右手に墓地が見えてくる。その道の先あたりの水田が土居屋敷と伝えられている。屋敷は7アールと意外に狭い。

寛永1年（1624）10月、真備町服部、谷本陣屋より、いったん真備町上二万の中村、高見帯刀《たてわき》（庄屋）宅に移り、次いで、11月に川辺の土居屋敷に移った。川辺陣屋は約40年続き、4代伊藤長貞の時、岡田の中村屋敷に移る。（岡田の項参照）

なお、高見帯刀の上二万の屋敷は、現在上二万の中村にある浅野木材店の土地がその跡地だという言い伝えが残るが、確たる証拠はない。また帯刀の経歴・家系なども よく分からない。江戸中期、上二万神社の改築で願主を務めた高見氏が帯刀の子孫である可能性があるが、これも確言はできない。

川辺本陣跡

旧山陽道を西に約500メートル進むと、川辺本陣跡が左手にあり、現在は歯科医院となっている。本陣は代々難波家で醤油の醸造を生業としていた。規模は矢掛町の本陣とほぼ同じである。

矢掛本陣の石井家は造り酒屋、醤油も同じ製法のためか、家の造りもよく似ている。本陣の建物は、明治26年岡山県西部を襲った大洪水のため流失して今はない。また、沢山あったであろう古文書も流失したので、川辺に関する資料は現在ほとんど残っていない。

川辺の宿場は高梁川の水位が高くなれば足止めとなるので、町屋の規模は矢掛の宿場よりも大きかったのではなかろうか。流失した本陣の鬼瓦が真備町資料館に展示されている。本陣難波家の代々の墓は、源福寺(川辺)の一角にある。

伊能忠敬《いのうただたか》も川辺宿に泊る

北海道をはじめ全国を測量して、正確な日本地図を作成した伊能忠敬（1744～1821）の測量日記によると、山陽道を下る際、文化6年（1809）8月24日、川辺本陣宿泊。本陣の当主は難波忠七。24日は、正午ごろ到着し、夜も観測した。翌朝6時に出発。日記に出てくる地名では、岡田村・園村・有井村・辻田村・八田村・矢田村・妹村などがみえる。

脇本陣跡

本陣から西へ50メートル進むと右手に

消防器庫があり、そこが脇本陣跡である。脇本陣の建物は明治26年の大洪水でも流失を免れ、昭和50年ころまで、川辺の役場などに利用されていたが、建物が古くなり、危険ということで撤去された。建物の2階の壁には、明治26年の大洪水の跡が明瞭に残っていた。主家の生業はよく判っていないが、脇本陣は日枝家である。

艮御崎神社《うしとらおんざき》

脇本陣跡から100メートル位進むと右手に犬養毅の揮毫になる「八雲絶唱大雅千古……」の大標柱が見えてくる。犬養毅の揮毫のものは県下でも珍しい艮御崎神社である。川辺村の村社で疫神社《やくじんじゃ》・三宝荒神・金毘羅宮・吉備津宮・船玉宮・大森神社・地神などを合祀する。

祭神は須佐之男命《すさのおのみこと》・大国主命・少彦名《すくなひこなの》命《みこと》・建御名方命《たてみなかたのみこと》・保食神《うけもちのかみ》・宇賀御魂命《うかのみたまのみこと》・大物主命・天之御中主命など古事記に出てくるような神々が揃っている。艮御崎《うしとらみさき》はもともとは吉備津神社の内宮の艮に祀ってある神で、吉備津彦命に退治された温羅《うら》といわれている。艮御崎神社も吉備津神社から勧請したものである。

いつ建立されたかは定かではないが、棟札によれば「慶長15年（1610）3月、願主塩尻治右衛門」とある。塩尻治右衛門は川辺の庄屋であった。なお、現在の建物は、安政4年（1858）に再建されたものである。

祭日　1月10日歳旦祭、1月14日とんど祭、5月10日春祭、10月第3土曜日秋季大祭、12月1日新穀感謝祭。

　秋祭りには、境内で毎年、川辺小学校ＰＴＡによる備中神楽の奉納があり、夜店も多く出て、祭りを盛り上げている。

岡田新道

（艮御崎神社から岡田中町にいたる道）


　川辺の旧山陽道に接する艮御崎神社の鳥居のすぐ西側から旧岡田村役場跡（現在は遊園地）を結ぶ一直線の道が岡田新道である。

　この道ができたのは江戸中期、岡田藩陣屋は岡田山（現岡田小学校）、藩主は5代目伊東長救《ながひら》の時代。それまで川辺と岡田間には、お粗末な大回りする道しかなく、藩主が江戸に向かう時も、当時は舟便で川辺の港から発つことが多かったが、川辺の港に出向く時、また藩

艮御崎神社

岡田新道（川辺側）

主が、尊崇してきた艮御崎神社や菩提寺源福寺にお参りするときにも、大変不便な思いをしてきた。

そこで、長救は享保3年（1718）12月、前述（箭田の項）の守屋勘兵衛に「新道奉行」の肩書を付け、岡田新道の設計、施工を命じた。

その年は、新本義民騒動（岡田の項で詳述）がピークを迎えた年であり、農民たちによる江戸藩邸への直訴（2月）や代表四人の打ち首（6月）などがあった年で、勘兵衛は山方として藩の側から農民たちを押さえる立場で行動し、江戸往復など、まだその疲れもとれない時期であった。

ともあれ、こうして「川辺宮の前（艮御崎）から岡田石橋までの496間（約900メートル）を幅員2間の直線で結ぶ新道」が完成し、現在も川辺―岡田間のメイン道路としての役割を果たしているのである。

「岡田藩に過ぎたるもの三つ。浦池、時の鐘、新道」という言葉が語り継がれてきた。「過ぎたるもの」とは、「一万石の小藩としては立派すぎる」の意。浦池は、岡田藩の名家老、浦池九渕。時の鐘は、岡田藩邸に設けられた、時を告げる釣鐘。新道はもちろん岡田新道のことで、一般庶民にもこの道が喜ばれたことがうかがえる。

神楽土手（輪中）

川辺の町を洪水から守るために周囲に土手を廻らした県下唯一の遺構。基底部の内と外に列石を置き、その上に土手が築かれた。基底部の幅約11メートル、高さ3.6メートル、周囲は2.8キロ。神楽土手の四隅には、疫神社（艮）・荒神社（巽）・金毘羅宮（坤）・安部宮（乾）が祀られた。神楽土手がいつ作られたかは定かでないが、守屋勘兵衛が小田川改修をした宝永元年（１７０４）の小田川改修絵図には、旧山陽道南側に土手が見えるので、それ以前に築造されたものと思われる。

洪水から集落を守っていた土手も、明治26年の大洪水で決壊し、明治40年から大正14年にかけての高梁川大改修後に撤去された。その名残は、川辺分館南の道、源福寺境内の石垣などに見られるが、大半は今、畑や道路となっている。

神楽土手のルーツは岐阜県大垣市付近の輪中だ。木曽川・長良川・揖斐川の合流点はしばしば洪水のため家や田畑が流失した。洪水から集落を守るため、周囲に堤防を築いたのが輪中である。岡田藩には美濃国沓井村・脛長村（現揖斐川市）に約2千石の飛び地があり、守屋勘兵衛も元禄16年（１７０３）堤普請奉公として美濃国へ赴いている。神楽土手の築造に際し、美濃国から技術者が、もしかすると来た可能性もある。

泰平山・源福寺《げんぷくじ》（曹洞宗　川辺）

宿場には7つの寺を置くことが決められていたが、その宿場7カ寺の一つ。川辺の町の西方に現存する寺である。延徳2年（１４９０）榎本梅屋開基。再開基岡田藩主伊東長寛（8代）。曹洞宗。初代住職は、華光寺（総社市山田）2代目英厳希雄である。岡田藩主伊東氏の菩提寺で境内のお霊屋《たまや》に代々の位牌と徳川家の位牌を安置し、伊東長之、伊東長《なが》裕《やす》（9代目）の墓所で五輪塔があり、子女墓もある。川辺の本陣難波家の墓所でもある。

1日1石といわれるお霊屋の石垣は、蟻の入る隙間もないほど精巧で見事である。明治26年の大洪水の際、泥水はこの石垣の上に建つお霊屋まで押し寄せ、その泥水の跡が軒下の壁に残っていたが、その後の修復で消され、今は見ることができない。平地より3.6メートル高いお霊屋に避難していた人たちは、濁流が迫ってきたので、屋根に穴を開けてよじ登り、助かったと伝えられる。

神楽土手（川辺分館南）

源福寺

川辺の町中には、あちこちに墓地が散在する。墓地の付近には寺があったが、現在はほぼ廃寺になっている。古い墓をよく見ると墓の笠が一部壊れているものがあちこちにある。これは地震による倒壊などで損傷したものではなく、ばくち打ちがその石を持っていると勝運が付くという縁起が一時期はやり、ふらち者にはぎ取られた傷跡である。

川辺小学校は蔵鏡寺の跡

現川辺小学校の校舎があるところが蔵鏡寺の跡である。明治26年の大洪水によって廃寺になったままの跡地に明治42年に小学校が移転してきた。しかし、昭和20年頃までは、三方に水田が残り、長方形の石垣を廻らしていて、運動場も境内の中にあった。

蔵鏡寺は真言宗の御室派、本尊は大日如来。創建は縁起によると建治元年（1275）。建物には、本堂・鎮守・経堂・客殿（111畳）・離座敷・鐘楼・納屋・表門・裏門があり、大寺院の格式も持っていたが、明治26年の大洪水で建物は水浸しとなった。翌年、蔵鏡寺が真備町有井の阿弥陀寺と合併して寶生院となり、本堂は寶生院へ。表門は西明寺「総社市新本」へ移転した。寶生院には、蔵鏡寺の住職が使用していた朱色の見事なお籠が今も残っているが、その格式の高いお籠と蔵鏡寺住職には、参勤交代の諸大名も一目置いたと伝えられている。

蔵鏡寺の縁起によると、「後宇多天皇の頃、川辺駅《うまや》に蔵の長者と称して田園500

余町歩を有する長者あり。子女3人あり、兄を長寿、弟を徳寿、妹を松姫といふ。弟妹2人は落花落雷の無残を観て無常を感じ出家す。後、南都にゆき高徳大智識興正菩薩に就き業を修めて帰る。徳寿は真寂といひ観自在尊を安置して寶珠院を建立し、妹松姫は真永といひ鏡を虚空蔵尊にかへて蔵鏡寺を建立す。後世之を合併して寶珠院蔵鏡寺と称せしが、何れの頃よりか松寿山蔵鏡寺、更に福寿山蔵鏡寺と称し来たれり。」とある。

この縁起は、長文で仏門に入る動機や虚空蔵尊・真言密教を説いたものだが、仏教用語が多く難解だ。延宝元年（1673年）にも大洪水があり、水浸しになった縁起を基に、住職の増龍が書いたとある。倉敷市連島の宝島寺の縁起や笠岡市走出の持宝院の歴史についても書いている。増龍の墓は、川辺小学校の敷地内の墓地にある。

小学校の校舎のある土地は、現在も寶生院所有の土地で借地料を倉敷市が支払っている。公立小学校の用地が県や市町村の所有でないのは県下でも珍しい。

古代の山陽道

山陽道は飛鳥京から九州大宰府を結ぶ官道で、奈良時代以前、唯一の大路（幅6メートル以上）であった。平安時代にできた和名抄には川辺に駅家《うまや》が置かれていたことが誌されている。

駅家は律令制度で諸道に約16キロごとに置かれた交通施設で、公用で旅する駅使に宿舎と人馬を提供することを任務とし、その費用は駅田の収穫を持って賄う定めであった。駅家は国司の監督のもとに置かれ、一つの行政単位とされた。建物は瓦葺で、馬は常時20頭が配置されていた。

川辺の駅家が何処にあったか定かでないが、備中国分尼寺・国分寺・作山古墳の南を通過した山陽道は、条理制に沿って一直線の道が清音を経て川辺を通り、有井にいたる道が想定される。川辺と辻田の境界付近の字名には、門田、板屋、長屋、薬師、ダサイ（駄財）などがあるが、確定的なものはない。駅家跡は高梁川の氾濫で地下に眠っている可能性もある。東の駅家は倉敷市矢部の矢部廃寺が比定されている。西は小田駅家が井原線の建設の際、毎戸遺跡として発見された。

川辺ふるさとビオトーク

（親水公園）

川辺橋西詰めから南に、堤防を約1キロ下ると、大きなむくの樹が見えてくる。そこがビオトーク公園だ。真備町「全緑化公園基本構想」にもとづき、平成12年から13年にかけ、高梁川堤防下にある新田用水管理組合の灌漑用ため池（新田堀）を借り受

川辺ふるさとビオトーク

け、川辺地区公園として完成した。

この公園は、①ダルマガエルをはじめ水生動植物の自然環境を保つ機能。②揚水機能。③地区民が水辺に親しみ、憩いの場とする機能がうたわれている。川辺地区には絶滅危惧種に指定されているダルマガエルが生息している。近年用水路のコンクリート化・水田の乾田化や市街地化のため、その数が急激に減少し絶滅の危機にある。地区民がダルマガエルに関心を持ち、その保護のための自然環境を取り戻すことが大切。揚水機能としては、上原《かんばら》井領用水から暗渠を通して水を引き、ポンプアップして水田に供給している。なお、この公園は、国土交通大臣から「手作り郷土賞」の認証を受けた。

現在、この付近一帯は新田地域とよばれ、住宅地域となっているが、明治のころは砂地で、備中綿の栽培はできたが、稲は作れなかった。高梁川大改修後の大正から昭和にかけて耕地整理が行われ、ポンプアップによって稲作が可能となった。便利の悪い南山（小田川南の集落）に住んでいた人たちが、洪水の心配もなくなって、小田川を越え、公園南部の新田に次々と移住した。それまで、新田から神楽土手までは家は1軒もなかった。昭和40年代、経済の高度成長にともない、水島のベッドタウンとして住宅が続々と建設され、現在にいたっている。

小田川流域内の稲作・高梁川河川敷の畑作

岡山県の川は、中国山地に源を発し、

瀬戸内海に向けて南北に流れるのが普通だが、小田川は広島県を源流に、井原市から延々と東流して高梁川に合流する。流れはゆったりとして流域に土砂による堆積地を形成した。

高梁川と小田川の堤防が接合するところに昭和55年に完成した南山橋がある。現在の橋ができる以前は、本流の上だけに架る木橋があったが、新橋の完成後に撤去された。その橋の上流と下流は「原田」という地名で、文字通り川原が水田で、国の土地ではなく、れっきとした私有地で番地もあった。そこでは主として米や麦が栽培されたが、小田川の洪水のたびに被害を受け、収穫がない年もあった。国の減反政策で土地の買い上げが行われ、現在のように竹と草原の原となった。ここから上流の小田川の川原はすべて同じ状態だった。

高梁川の川原は、国に占有地料を払って土地を借り受け、戦前より野菜を栽培していたが、平成23年までに国に返還したので瞬く間に草原となった。南山橋の東に黒い土のグランドがあり、中学生が少年野球（硬球）に使用している。良く整備され、日曜日など大きな歓声が聞こえる。トラクターが普及しない昭和20年代までは、農家では農耕用の牛を飼っていて、春から秋にかけて放牧していたので、柳などは生えてなく、遠くまで牛を見ることができた。

なお、小田川流域の真備町内には八本の橋が架っている。上流から平成16年架橋の琴弾橋（市道）・平成12年の八高橋

（市道）・昭和61年新架橋の宮田橋（県道）・昭和60年の箭田橋（市道）・平成2年の福松橋（市道）・昭和44年の二万橋（県道）・昭和51年の矢形橋（市道）・昭和55年の南山橋（県道）で、高梁川の2本と合わせると10本になり、県内でも珍しい「橋の多い町」だ。

南山稲荷宮（川辺・南山）

南山橋を渡り左にカーブしたつきあたりが、昔の木橋があったところだ。そこに「稲荷宮へ一町」の石柱がある。石柱から右に300メートル行くと天狗山の中腹に稲荷宮がある。祭神は倉稲魂命。境内には荒神社・吉備津宮・天満宮など合祀。天文2年（1533）の再建。現在の社殿が再建当時のものかどうか定かでないが、棟札には天文2年・貞享2年（1685）・安永7年（1778）・弘化4年（1847）のものがあり、艮神社より古い。氏子は南山の西谷・東谷・小屋谷《こやんだに》に居住していた30余軒だったが、大部分新田に移住したので、現在は西谷の2軒のみとなった。

南山稲荷宮

昔、南山は、高梁川と小田川の合流点で、高瀬舟の行き交う港町として栄え、稲荷宮も近在からの参詣者が跡を絶たなかった。江戸時代には石垣の上に瓦葺のしっかりした建物が街道筋からも望まれたといわれ、今も当時の石垣は残っている。明治時代には川辺村の多額納税者の半数以上を南山の住人が占めていた。

天狗山古墳（5世紀後半）

稲荷宮の入り口手前、鳥居脇の左手の坂道を300メートル登ると尾根に達する。そこから右手に、もう300メートル進むと天狗山古墳の堀と墳丘が見えてくる。正面の急な斜面をロープを伝って登ると古墳の頂上に立つ。北方右手に高梁川と川辺橋、手前足下に小田川に架る南山橋が見える。古墳の築造当時は、南山橋がある地点が高梁川と小田川の合流点だった。古代吉備の国の中心だった総社市・真備町が一望できる。西の眼下の集落は真備町下二万矢形《やがた》の集落、勝負砂《しょうぶざこ》古墳も見える。

天狗山古墳は、南山と矢形の境界の陵線上の西端にある。全長85メートル、墳丘の高さ9メートルの帆立貝式前方後円墳。竪穴式石室を持つ5世紀後半の古墳で、県西南部では最大級。昔の乱掘で、副葬品はかなり失われているが、銅鏡・馬具・靫・鉄剣・鉄刀・農具などが出土し、現在、東京国立博物館で展示されている。

1998年より3年間、岡山大学考古学教室が発掘調査の結果、竪穴式石室は深さ5メートルのところにあり、角礫を積み重ね、礫の隙間に粘土を詰めて周囲天井の壁はベンガラで赤色に着色、今も真赤だ。床面に玉砂利を敷き詰め、その下より鉄剣が出土した。埴輪列は周堤部、墳丘中段及び墳丘上にあり、葺き石は墳丘全面に施され、精緻にしかも丁寧に築かれている。埴輪は円筒埴輪、朝顔形埴輪、蓋形埴輪等。この古墳の特徴は石室が5メートルと深いこと。一般的には古墳を生前にあらかじめ造っておき、亡くなった時、穴を掘り、埋めるのが普通だが、天狗山古墳は死後に埋葬施設を造り、葬ったことが判明した。

なお、隣接して天狗山西古墳がある。

南山城

真備町南山と船穂町柳井原の境界、稜線上の東端に南山城の城址がある。築造当時、南山城の眼下は高梁川と小田川の

天狗山古墳遠望

南山城

合流点で激流となり、舟運の難所だった。

明治以前はここが酒津・連島・水島に向かう東高梁川と柳井原・玉島に向かう西高梁川が分流する地点で、水運の要衝であるとともに戦略上重要な位置にあった。頂上部は平坦に整地され、谷筋には堀割がある。特に高梁川（現在小田川）側は急峻で難攻不落の地形だ。築造がいつかはっきりしないが、「古戦場備中府史」によれば「川邊臣百依。川邊の郷の邑名百依に始まる。」とある。戦国時代に築かれたようだ。幸山《こうざん》城主石川久式の砦説がある。

なお、南山城の南、東西高梁川が分流するところが古代の3郡（窪屋郡・下道郡・浅口郡）の境界となっていた。東高梁川の東側（総社市清音）と西高梁川の南側（倉敷市酒津・水江）が窪屋郡、南山城の山の稜線の北側が下道郡（倉敷市真備町）、稜線の南側が浅口郡（倉敷市船穂）である。

この古代3郡の境界の南の八幡山（酒津山）北端の断崖に笠臣《かさのおみ》の県主《あがたぬし》が川嶋河に住んで道行く人々を苦しめていた大蛇を退治したという伝承のあるところがあり、当時は高梁川の水がこの断崖に当たって、東と西に分かれていたのだろう。（日本書紀仁徳天皇67年の記述）

川辺宿駅と真備いきいきプラザ（真備健康福祉館）

平成11年1月11日、第三セクターの井原鉄道が開通した。平成になって鉄道が建設されるのは非常に珍しく、全国的に注目をあび、大勢の鉄道マニアが見学に訪れた。川辺宿駅は伯備線清音駅から高梁川をひとまたぎした次の駅で、水田の中にある。

川辺宿駅のすぐ西に平成23年4月、真備いきいきプラザが開館した。プールや運動施設、グランドなどを備えた健康福祉施設で、平成17年、倉敷市と合併した際の特例債で建設されたもの。開館以来、町内外から多数の住民が集い、思い思いの健康づくりに励んでいる。

川辺宿駅やいきいきプラザ付近は水田地帯で、民家からは少し離れる。この付近は昭和50年ごろまで小田川が氾濫すると、堤防の樋門は閉ざされ、真備町内に降った雨が集中し、この一帯は湖のようになった。昭和47年7月の梅雨による長

川辺宿駅から見た真備いきいきプラザ

雨の際、川辺小学校の運動場まで冠水する大水害があり、床下浸水の集落も広範囲に発生した。その後、排水施設が完成して水害は少なくなった。

二万（上二万・下二万）を歩けば

①二万大塚古墳　②矢形鉱山跡　③下二万神社　④勝負砂古墳
⑤金峰寺　⑥上二万神社

真備町二万地区

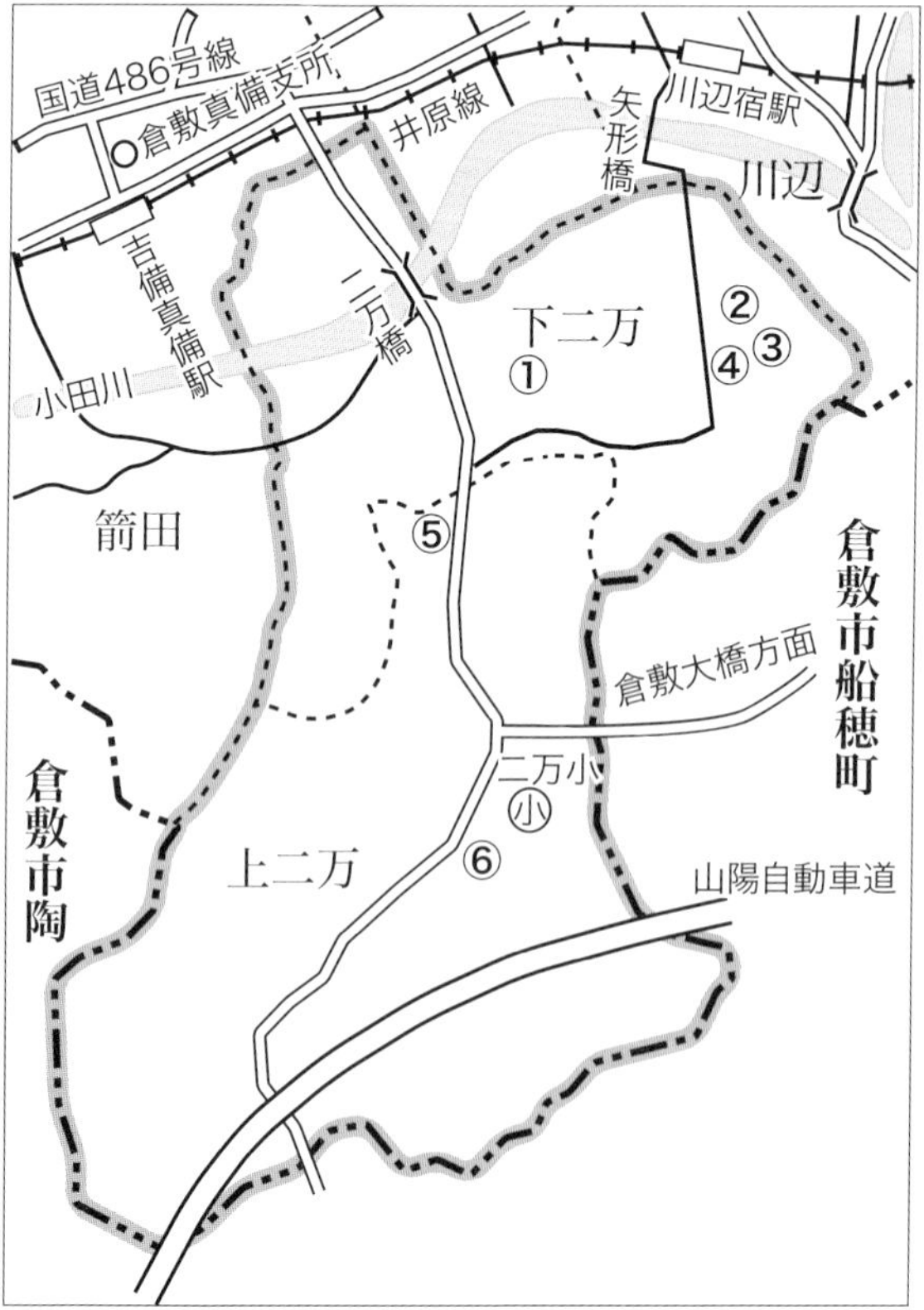

二万（上二万・下二万）を歩けば

二万（邇摩）の地名の起こり

平安時代中期、備中介として赴任した文章博士の三善清行（８４７～９１９）が当時の宇多天皇に備中国の律令制度が破綻した状況をまとめた「意見封事十二カ条」の記録を掃出している。

それによると「宇多天皇の寛平５年（８９３）、自分は備中介となって、かの国に下った。ここ下道郡に邇摩郷というところがある。皇極天皇が中大兄皇子らを従えて、半島征伐に筑紫へ行幸する途中、出征兵士を募ったところ、たちどころに二万の兵を得たので、二万郷というようになった。後に邇摩郷と名を改めた。これは、かの風土記に書かれているところである。ところが、天平神護の頃、右大臣吉備真備が郷里の下道郡の郡司もかねて、この郡の人員を調査したところ、成年男子１９００余人しかいなかった。貞観の初年、有名な民部卿藤原保則が同国の介として、その壮丁を調べたら、わずか70余人であった。自分が介として寛平５年現在で調査したところ、老丁２人、正４人、中男３人、税負担者は９人だけであった。延喜11年（９１１）備中介藤原公利が任期満了となって帰国したときは、「1人もいない」という状況だった」。わずか260年余の間の二万の激しい盛衰ぶりを伝えたものである。

一方、二万地区には鉱山が沢山あり、昭和20年代まで採掘されていた。金山《かなやま》・反古《ほうぐ》・山崎・矢形などで銅・タングステンなどを産出していた。特に岡山県南部では帯江など銅山がいたるところにあった。

奈良時代の正倉院古文書「備中国大税負死亡人帳」によると二万の地名は、窪屋郡白髪郷邇摩となっている。邇は丹に通じ、鉱山に関わる地名。石見国（島根県）にも同じ名称の邇摩がある。こちらは世界遺産になった石見銀山である。

日本の原風景と巨大団地

真備町箭田・境の大曲から小田川に架る二万橋を渡ると二万の里。日本の原風景を現在保っている珍しい所だ。水田が集落の前面に広がり、小川が流れている。集落は山の裾野に段々に連なり、山はぶどう畑が広がり、それ以外は緑の山にな

二万の里

っている。家の屋根が茅葺だったら、京都府の美山地区と同じように観光地として有名になることだろう。昔はいたるところでこのような風景がみられたが、昭和40年代の高度成長にともなうベッドタウン化で、美田はつぶされ、工場や家が沢山できた。

二万地区は南側の小高い稜線を境に、倉敷市船穂町と接するが、その稜線北側に昭和46年、戸数460余戸、真備町最大の若葉台団地が造成された。おりからの水島の工業発展と公害暴発のあおりを受けて、水島まで車で20分の同団地はまたたく間に売り切れた。二万小学校も学童があふれ、次々と教室を増築した。

バブルがはじけて以降、真備町全体では川辺など一部増加のところもあるが、ほぼ増勢は止まり、二万地区では減傾向となり、若葉台でも高齢者世帯が目立つようになった。

二万郷から京へ「鯛」献上の木簡

「吉備中国下道評二万郷　多比《たひ》大贄」と墨書した飛鳥時代の木簡が藤原京跡から出土した。

二万から南の山を越すと船穂町だ。そこは、当時は海で、鯛が沢山獲れたのであろう。贄《にえ》とは天皇用の当時の高級食材のことである。藤原京の天皇は持統天皇と思われる。鯛をどのようにして送ったのか、送った季節はいつか。腐らないようにどんな工夫をしたのか興味のあるところだ。

平城京跡出土木簡には「備中国浅口郡

船穂郷塩　三斗安曇《あずみ》部押男」というのもある。船穂は製塩も盛んだったことがうかがえる。塩の産地は全国的にあるが、瀬戸内海地方は晴天が多いので特に適している。とりわけ備前国の児島が、古くから著名である。

勝負砂古墳《しょうぶざこ》（5世紀後半）

川辺宿駅から小田川にかかる矢形橋を渡って行くと矢形の集落に入る。集落から南に峠を越すところが勝負砂だ。その峠の左手前に勝負砂古墳がある。

岡山大学考古学教室が、1961年から七次にわたる発掘調査の結果、全国的にも珍しい未盗掘の古墳であることが分かった。古墳の築造方法、埋葬施設、埋葬の仕方、副葬品の配置状況などを正確に知る貴重な調査となった。

全長42メートルの帆立貝式前方後円墳、葺石は無く、埋葬施設は竪穴式、石室は床面に円礫（川にある小石）が敷き詰められ、壁面は角礫（角のある石）、石と石の空間に粘土を詰めて積み上げていた。天井は8枚の石板で覆われていた。石室の築き方は、天狗山古墳とまったく同じで、先に石室を造ってから築造。壁面や天井石には朱が塗られていた。築造時期は、5世紀後半と判明。

副葬品は埋葬当時のままの状態で発見。武器、武具、馬具が主で、武人の姿を彷彿させる。武器は刀剣、武具では鉄鏃と鉄製の鎧など。そのほか、埋葬者の遺骨と歯、青銅製の鏡一面などがあった。今は有機物も検査でき、どのようなものが含まれているか、花粉分析により植物も判明する。鏡は絹の巾着袋に包まれ、鉄鏃も裸ではなく、袋の中に入っていた。

二万大塚古墳（6世紀中葉）

勝負砂古墳の前の道で峠を越すと、すぐの平地に前方後円墳の二万大塚古墳が見えてくる。

真備町下二万外和崎にある。前方部は水田に接し、後円部に横穴式石室の羨道部が南に開口している。岡山大学考古学研究室が、２００１年から三次にわたり発掘。全長38メートル、墳丘に円筒埴輪や朝顔形埴輪、祭祀が行われる北のくびれ部分から家形埴輪や人物埴輪が出土。石室は両袖式玄室と羨道部からなる。石室からは鞍・轡《くつわ》や飾り金具の馬具。羨道部から見つかった青銅製の馬鈴は県下でも珍しいもの。馬具以外には鉄鏃・鉄刀

勝負砂古墳の発掘

二万大塚古墳

・刀子など。土器では杯身・杯蓋・高杯・横瓶・器台・甕などが出土。出土品や古墳の構造から6世紀中葉に築造したとみられる。

薬王山・金峰寺

（真言宗　下二万）

下二万と上二万の境界に位置する。もともと上二万・金山にあったが、江戸時代初期に現在地に移り、寺名も金峰寺と改めた。真言宗高野山派、本尊は薬師如来。本堂は総欅造りで、平成24年、瓦の屋根を葺き替えたばかり。彫刻は荒削りで稚拙であるが、円空仏を思わせる。

鎌倉時代に活躍した宝覚禅師は下二万松尾の生まれ、金峰寺で剃髪後、京都東山の東福寺で初代住職の弁円について修行。弁円は宋で修業後、臨済宗の寺として、東福寺を開山。宝覚禅師は2

真言宗金峰寺

下二万神社

代目住職となったが、辞して京都に三聖寺を開山。その後なぜか故郷の金峯寺に帰り、晩年この寺で千体の仏像を制作、檀家に配ったという。

寺の裏山には斜面を利用して桜が植樹され、春には桜の名所になっている。

下二万神社（伊予御子宮《いよみこぐう》）

下二万矢形にある村社。稲荷宮も合祀。伊予御子神社から明治初年に下二万神社と名称変更。最初の鳥居は「伊予御子宮」、2番目の鳥居は「稲荷宮」とある。末社には竜王大明神・若宮神社などがある。祭神は棚織姫命《たなばたひめのみこと》。延宝5年（1677）建立。棚織姫命は棚織津姫命と思われるが、棚機の機《はた》は布を織るはたのことで衣服や織物に関係する神である。

矢形の鉱山

タングステンを採掘。昭和6年、いわゆる満州事変が勃発し、対中15年戦争が始まったが、そのころから軍需省のテコ入れで事業が推進され、戦後まで続いた。

タングステンは鉄より硬く重くて、融点が高いので、電球のフィラメントとして利用された。竪穴、横穴から採掘し、白色の鉱石を大型の削岩機で粉々にしてかんな流しのように水を流し、底に溜まったきらきら光る鉱石をかます袋に詰めて、荷馬車で清音駅まで運んだ。また、水晶も産出した。最盛期には200人もの人が働いていた。

労働者には、地元の人、近在の村人、また朝鮮人もいた。西方の山崎の山もタングステンの鉱山だった。当時、二万で電話があったのは、ここの事務所だけであった。

昭和25年、朝鮮戦争時にも特需があり、再開発されたが、現在は閉山して昔の面影はない。

上二万神社（八幡神社）

上二万にある村社。二万小学校の上にある。祭神は応神天皇・神功皇后・玉依姫命。奈良時代、豊前国宇佐八幡宮から勧請し、八幡宮と称していたが、明治になり上二万神社と改称。現在の社殿は、明治29年、原因不明の火災により焼失し、氏子の浄財により再建されたもので、立派な拝殿と本殿、絵馬堂からなる。唐門の拝殿には、生きているような龍や鶴の彫刻があり、見応えがある。西隅に神楽舞台の建物がある。

タングステンの鉱脈

上二万神社

岡田（岡田・辻田）を歩けば

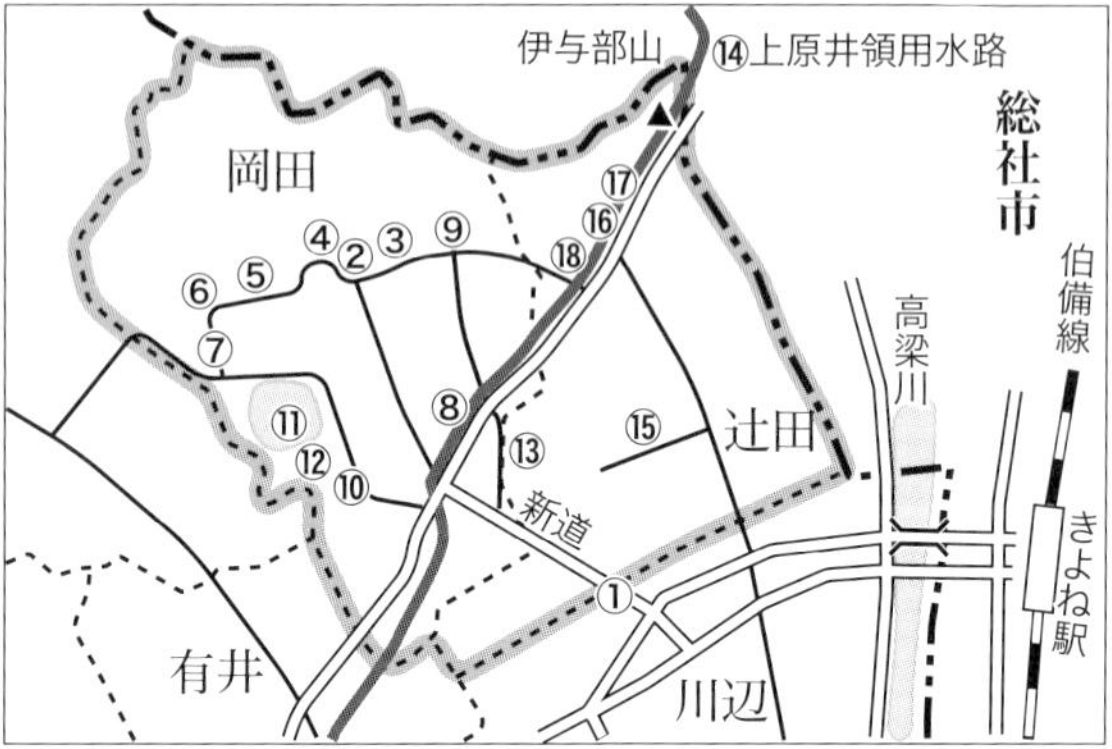

真備町岡田地区（岡田・辻田）

①岡田への道　②横溝正史疎開宅　③千光寺　④金剛寺
⑤岡田廃寺　⑥塩尻公明墓　⑦林鐘寺　⑧岡田更生館跡
⑨東薗神社　⑩岡田藩陣屋　⑪大池　⑫真備ふるさと歴史館
⑬国司神社　⑭上原井領用水路　⑮満願寺宝篋印塔
⑯堂応寺宝篋印塔　⑰大円寺　⑱森泉寺

岡田（岡田・辻田）を歩けば

金田一耕助と岡田村

倉敷市真備町岡田は、川辺とともに真備町の東端、高梁川右岸に沿った地域である。最近は、横溝正史の小説で著名な名探偵・金田一耕助誕生の地として、全国から訪ねてくる人が多い。岡田に来られる際、できれば、金田一耕助が、初めて伯備線・清音駅から、歩いて岡田に来た道を利用して、岡田に來られることを勧めたい。

横溝正史の『本陣殺人事件』は、次のように描いている。

伯備線の清－駅（清音駅）でおりて、ぶらぶら川－村（川辺村）

のほうへ歩いて來るひとりの青年があった。見たところ25、26、中肉中背―というよりはいくらか小柄な青年で、それに縞《しま》の細い飛白《かすり》の対《つい》の袴と着物、それに縞の細い袴をはいているが、羽織も着物もしわだらけだし、袴はひだもわからぬほどたるんでいる。（中略）。そういう青年が高―川（高梁川）を渡って川―村のほうへ歩いて來る。左手は懐手《ふところで》したたま、右手にはステッキを持っている。ふところがおそろしくふくれているのは雑誌か、雑記帳か、そんなものが突っ込んであるのだろう。

岡田への道は、こんなふうにも表現している。

役場（岡田村役場。現在は遊園地）は村の南端れにあって、家《や》ならびはそこでポツンと切れ、そこから南は向うの川―村まで一面の田圃《たんぼ》つづきであった。そして、その田圃の中を一直線に二間道路が走っているのだが、その道路を40分ほど歩けば汽車の停車場まで行く事が出来る。だから汽車でやってきた人がこの村へ入るには、どうしてもこの道をやって来て、役場の前を通らねばならないのである。

金田一耕助は、伯備線・清音駅で下車。高梁川にかかる川辺橋を西に渡って川辺の街並に入り、そして田圃の中を一直線に伸びる二間道路を北に進んで、岡田にやってきた。

現在、川辺の町並の北を新しい自動車道路が走っているが、金田一耕助の通った当時の道は、家並みの中を通り抜ける旧山陽道。田圃の中の一本道（新道と呼ばれる）も、今は道の両側に家が立ち並んで、昭和20年代の面影は全くない。

横溝正史疎開宅（岡田・桜）

旧岡田村役場跡（現遊園地）から、真北に歩いて５、６分で、横溝正史疎開宅に着く。

　探偵小説家・横溝正史（１９０２〜１９８１）が、東京の戦禍を避けて昭和20年（１９４５）５月から昭和23年（１９４８）７月末まで足かけ４年、疎開生活

横溝正史疎開宅

旧岡田村役場と川辺を一直線に結ぶ新道

をした居宅。旧吉備郡岡田村大字岡田字桜の地である。横溝正史の疎開生活は、彼の「桜日記」(『新版横溝正史全集』第18巻。昭和50年、講談社)、「続桜日記」(『横溝正史の世界』。昭和51年、徳間書房)で知ることができる。金田一耕助の誕生は、前掲「桜日記」昭和21年4月24日条に「本陣(第3回分)書上げる。新しい登場人物、警部磯川、木村刑事、生涯の仇敵・金田一氏」と見える。金田一の誕生といっても、「本陣殺人事件」の中では、25、26歳の青年として登場したのである。横溝正史と桜地区の人々との交流は、筆者(中山)の「横溝正史と桜の人々」(『横溝正史研究3』。平成22年、戎光祥出版)を参照されたい。

疎開宅には、正史・疎開当時の写真、衣服等が展示されている。開館日は土、日、火、水曜日の週4日。開館時間は午前10時～午後4時。入場無料。

医王山・千光寺(曹洞宗　岡田・桜)

横溝正史疎開宅から東に5分ほど歩くと、千光寺。横溝正史が疎開宅で執筆した探偵小説『獄門島』に、千光寺が登場する。横溝正史は、この寺の住職であった末永篤仙(89歳で平成5年没)に関して、『獄門島』のあとがきで、「曹洞宗の知識については千光寺の和尚、末永篤仙師の御教示に負うところが多かった」と述べている。

千光寺は中世、花荘庵と称し、馬入山城(薗地区、馬入山城参照)の巽《たつみ》(南東)にあり、この山城に拠った三宅氏の祈祷寺であった。しかし、16世紀末、児島・常山合戦で討死した三宅徳久の嫡男・三宅徳寄（寛永4年〔1627〕没）によって現在地に移され、そのとき千光寺と改称した。

〔近辺ガイド〕　＊江戸期の歌人・内藤中心の「桜舎《さくらのや》」跡　＊命尊碑

桜大師・金剛寺（真言宗　岡田・桜）

正史疎開宅から真北に100メートルほどのところに、桜大師・金剛寺がある。

境内東端に建つ、明治19年（1886）建立の記念碑によると、下道郡八代村（総社市八代）の人・重吉が観音菩薩、弘法大師2体の石像を文化14年（1817）祭祀したことに始まる。天保12年（1841）、眼の見えない人が祈ると、両

千光寺

桜大師・金剛寺

眼ともよく見えるようになり、足の不自由な人が祈祷すると正常に歩ける、という奇跡が起こった。このため、参詣者が激増。そこで嘉永5年（1852）本堂を新築。明治18年（1885）、境内を石垣で積み上げた。昭和30年（1955）頃まで、春、秋の縁日（旧暦3月、7月の20日、21日）には、近郷からの参拝者で大変な賑わいをみせた。

本堂、庫裡は、平成26年（2014）1月の火災で焼失。しかし、薬師堂、毘沙門堂、鐘楼は類焼をまぬかれた。なお、毘沙門堂が現在の姿に改築された際には、疎開生活を終えて、東京に引き上げた横溝正史の経済的支援が大きかった。

［近辺ガイド］　＊石鎚神社　＊木里《きさと》神社　＊木野山神社

岡田廃寺

（岡田・山の谷、地名は金剛寺）

正史疎開宅の西北、歩いて10分ほどの場所に、岡田廃寺がある。7世期後半・白鳳時代から8世紀・天平時代にかけての寺院跡。倉敷市の巨木に指定されている周囲約5メートルのムクの木の下。山の谷地区荒神社の境内。古代寺院跡を示すものは、繰り出しのある礎石列。4個は創建時の位置にあり、周辺に3個が確認できる。繰り出しのある礎石1個は、少し南の道路脇の石仏（お大師様か）の台座に転用されている。岡田廃寺跡から発見された軒丸瓦の文様は、吉備寺式瓦（備中式）と称されているもので、真備町箭田の箭田廃寺、真備町妹《かや》の八高廃寺を中心に、東は総社市・栢廃寺、倉敷市

・日畑廃寺、北は英賀廃寺（真庭市北房）などに分布する。

真備町岡田は『和名抄』に見える薗郷の内に入るから、『日本書紀』応神紀が記した吉備の豪族・薗臣の氏寺と推定される。近くには、大塚の地名も伝えられているが、その大塚には吉備・薗臣を埋葬。大きな石室を持つ古墳（大塚）は、17世紀、真備町岡田に陣屋を構えた大名・伊東氏（後述）によって、残念ながら、その陣屋建設の資材とされ、破壊されてしまった。

岡田廃寺と礎石

教育学者・塩尻公明墓（山の谷）

岡田廃寺から真西に300メートルほどのところに民家があり、その西側の道を北にしばらく行くと、道の左手に塩尻家墓所の標識が立っている。その墓地に著名な教育学者・塩尻公明が眠っている。

塩尻公明（１９０１～１９６９）は吉

備郡水内《みのち》村（総社市水内）の備藤家に生まれ、縁戚先の吉備郡岡田村（真備町岡田）・塩尻家の養子となり、塩尻姓となる。

岡田に居住したことはないが、塩尻家墓地が岡田・山の谷にあり、死後、この地に葬られた。塩尻公明は富山小学校（岡山市）を卒業し、岡山中学校、第一高等学校に進み、東京大学法学部政治学科を卒業。理想的自由主義者・河合栄次郎の影響を強く受けた。内面の救済を求め、京都・一燈園に入り、求道者の生活も送った。河合栄次郎の勧めで高知高校教授に赴任、その後、神戸大学に移り、教育学部長を長期にわたり勤めた。退官後、帝塚山大学で講義中、心筋梗塞で急死。墓碑には「この世に生まれ、人格成長のため努力して、人知れず世を去った、ということだけでよろしいのだ　塩尻公明」と刻まれている。多くの著作を残し、戦犯として刑死した教え子を記述した『ある遺書について』は著名。曽祖父・塩尻梅宇（岡田藩儒。1804〜1876）の墓碑も、同じ墓地に祀られている。

圓通山・林鐘寺（曹洞宗　山の谷）

塩尻公明墓地から尾根筋の小道を南に6、7分歩くと林鐘寺。大池を見おろす丘の上。

林鐘寺は初め、紅蘭庵。開山は珠巌英珊大和尚で、16世紀といわれている。17世紀半ばに、圓通山林鐘寺と改称した。山門にいたる石段の途中に役行者石像が祭祀されている。石像には「寛政３（1791）辛亥　講中」とみえる。林鐘寺のある山の谷地区には、平成初年頃まで、役行者を祭る山上講が続けられていた。

境内東にある墓地には、森島家の格式を示す墓域がある。森島家の先祖・森島権右衛門は、岡田藩の初代・伊東長実《ながざね》が、大坂夏の陣（1615年）で敗れ、高野山に逃れた時、ただ一人、長実に従った家臣である。

岡田更生館跡（岡田・中町）

旧岡田村役場跡（現遊園地）から数分東に歩く。現在、閉鎖している病院が、その跡地。

岡山県立岡田更生館は、終戦直後の昭和21年（1946）12月、浮浪者強制収容施設として開所。ここで昭和24年（1949）、全国を揺るがす大事件が起こ

林鐘寺

塩尻公明墓碑

った。県は更生館を改組し、名称も岡山県立吉備寮と改めた。昭和31年（1956）には、吉備寮を更生施設から援護施設に変更したが、翌昭和32年、廃止した。その後、同所には、民間の病院（有床診療所）が開設されたが、その病院も現在は閉院となっている。

さて昭和24年2月に発生した、岡田更生館事件は、戦後の混乱期とはいえ、県が主管する社会福祉施設で、人権はもとより、人命までが全く軽んじられた運営が行われ、結果として非常に沢山の死者が出た、県政史上、例のない事件であった。マスコミや国会でも大きく取り上げられ、全国民が注視した事件であったが、どうしたことか、岡田更生館事件を、『真備町史』（昭和54年、真備町）は、1行も触れていない。そこで事件の概要を、あらためて、ここで記述しておきたい。

岡田更生館の建物は、もと製薬会社が昭和初年に建築したものだが、戦時中、同社が閉鎖したため、岡山県が土地、建物を買い取り、徴兵適齢期の青年を訓練する岡田健民修練所を開設した。この修練所が、終戦とともに発生した大変な数の浮浪者を、強制的に収容する施設に衣替えし、県立岡田更生館となった。同館は、一番多数収容した時は、530人におよび、県下にいくつかできた浮浪者強制収容所の中では最大のものであった。

事件が発覚したのは、岡田更生館に変装入所して、衝撃的な記事を書いた記者たちと、それを大々的に報じた毎日新聞の報道であった。記者は、のちに国際的ジャーナリストとして活躍した大森実と、同僚の小西記者であった。大森実の自伝的著作『エンピツ一本 上』(1992年、講談社)により、事件の発端と経過をみてみよう。

岡田更生館の非人道的処遇に堪えかね、脱出・逃亡に成功した放浪詩人が、1949年2月中旬のある夜、大阪・毎日新聞本社に駆け込み、当直記者に館内の実情を訴えたことが、発端。記者の館内潜入という発想は、アメリカで、記者が囚人に化けて刑務所に潜入し、刑務所内の看守非行を暴露した新聞記事を、大森記者が覚えていたからである。

大森は、潜入の直前、更生館の周囲を調査した。更生館裏手の農家を尋ね、主婦と会話している。大森が「自分は引揚

岡田更生館と命尊碑

者。あそこの更生館に入りたい」という と、婦人は「入るのはやめなさい。殺されますぞ。毎日1人は死者が出る。朝4時ごろ、この道を戸板に死体を積んだ行列が通りますのじゃ。山の上で焼くんじゃ」と答えている。

大森と小西記者の2人が、更生館に収用されたのは、1949年2月16日午後。一夜を更生館内で過ごし、館内の実情を体験、目撃。2月17日、正体が見破られそうになったので、やむなく身分を明らかにし、近くの旅館で待機していた応援の記者等に連絡した。5分後、赤い社旗をつけた乗用車2台、バイク3台が更生館に到着。大森実は、更生館を出た。ただちに近くの旅館で、記事をまとめ、本社に送った。

毎日新聞2月18日付け朝刊、岡田更生館事件の報道第1弾は、前述の放浪詩人の話を中心にまとめたものであった。これに対して、岡山県知事は、その日、「毎日新聞の報道は根拠のない中傷記事である」と批判した。

大森・小西両記者の潜入体験報告は、翌19日付け毎日新聞朝刊で大々的に報道された。記事は「岡田更生館を探る　毎日新聞本社記者潜行体験記　岡田村にて大森、小西特派員発」で始まっている。

「脱走青年富士田健一君の報告書を胸に秘めて、私達は頭髪を乱し、ほおにスミをぬり、ボロをまとって潜入」と続く。館内の食事はブリキわん1個が食器で、雑炊は泥の水か、はな水を連想させる。部屋によっては、寝る時は脱走を防ぐため、丸裸にする、等々。

また小西記者の記事は「経営の実体を衝く、岡田村にて　小西特派員発」とし、多くの数字をあげて説明し、「週2回の風呂も薪の不足から入浴はとだえる事が多い。また昨年の死亡者は31名だが、本年になって1月中だけで22名に達している」としている。

大森実は、「小西が暴露した更生館帳簿の内容は、殺した収容者の分まで、配給と交付金を懐に入れていた館長の罪状を、余すところなく明るみに出している」と説明している。

こうして岡田更生館事件は、更生館の一部幹部の犯罪的運営を白日のもとにさらけ出したが、一方、県の福祉行政の面でも、前例のない汚点を残す事件となった。

その後、時代は移るが、岡田更生館や吉備寮で亡くなって、引き取り手のない遺骨を埋葬した桜陵園（前記の千光寺東）に、昭和63年（1988）、地元の有志によって、死者の冥福を祈る供養塔・命尊碑《いのちたっときひ》が建立された。有志の方々は、「春の小川村」村長・加藤昌則ほか16名の方々で、お盆には、僧侶を招いて、丁重に法要が営まれている。

［近辺ガイド］　＊岡田陣屋町を囲む土塁跡　＊薬師堂　＊旧参勤道

東薗神社（岡田・森）

岡田更生館跡から東北の山の中腹に、旧岡田村の鎮守・東薗神社が望まれる。

旧岡田村（大字岡田と同辻田）の地区は、旧東薗地区。それ以前、大和朝廷の

陣屋町を囲む土塁上に建つ
金刀比羅宮（左）と薬師堂（下）

5世紀頃から、この地域は薗の地域であり、『和名抄』に薗郷と見える地域である。この薗郷が、平安時代に荘園化し、薗荘になった。それが、鎌倉時代に入ると、荘園が二分割され、薗西荘と薗東荘に分かれた。

　そのため、領主や行政単位も別になり、それぞれの地域を守護する鎮守社も分ける必要が出てきた。薗西荘は、西園神社（現所在地。薗の項、西園神社参照）を鎮守社とした。それに対して、薗東荘は、岡田山（現岡田小学校所在地付近の丘陵）に鎮座していた御崎神社《おんざきじんじゃ》（吉備津神社に祭祀されているウシトラミサキ）を鎮守社とし、東薗神社と呼んだ。

　岡田藩主・伊東長救《ながひら》（1662〜1745）は、岡田藩陣屋を岡田・中村から岡田・岡田山に、元禄14年（１７０１）に移転した。移転予定地には、岡田、辻田両地区（東薗）の鎮守・御崎神社が鎮座していたので、陣屋移転の邪魔になるため、御崎神社を同年、現在地（岡田・森）に遷座させた。

現在、東薗神社境内には、延宝5年（１６７７）同6年（１６７８）の銘が刻まれた石灯籠があり、鳥居には寛文12年（１６７２）の銘や御崎宮と記された額もみえるので、岡田山に鎮座していた時代のものが一部移転・残存している。

東薗神社、西園神社の名称は、鎌倉時代から現代まで継承されているが、行政単位としての東薗、西薗は、荘園体制の崩壊で、15世紀から16世紀半頃にはなくなり、新しく薗村（旧東薗、西薗を併合）が誕生。この薗村から、岡田村、辻田村が分離独立（縮小した薗村も存続）したのは、18世紀前半。正徳年間（１７１１～１７１６）の記録に、岡田は依然、薗村に入っているので、岡田村、辻田村の誕生は享保年間（１７１６～１７３６）と推定される。

東薗神社の祭礼は、1月の歳旦祭、5月・10月の村祭、11月の紐落祭と新嘗祭。特に10月の秋祭は、備中神楽が奉納され、毎年、大勢の参拝者で賑わう。

岡田藩陣屋跡

（岡田・上町　倉敷市立岡田小学校）

旧岡田村役場（現遊園地）から、西北に5、6分歩くと、倉敷市立岡田小学校に着く。

岡田小学校の敷地が、江戸時代の外様大名・伊東家(岡田藩1万343石)の陣屋跡。岡田藩陣屋の藩邸主屋は、昭和22年(1947)1月の火災で焼失するまで、御殿《ごてん》と呼ばれ、小学校の校長室、教員室として利用されていた。また陣屋の門付近にあった白壁の塀も、昭和54~55年

東薗神社に残る別当寺の御幣

東薗神社

延宝年号のみえる灯籠（東薗神社）

寛文年号のみえる鳥居（東薗神社）

（1979〜1980）の校庭拡張工事で撤去され、当時をしのぶものは、ほとんどない。ただ、現在の校門（陣屋の門で、拡張工事以前の小学校校門でもあった門の位置とは異なる）を入ったすぐの場所に、陣屋時代の長囲炉裏が残されている。

藩祖・伊東長実

（弘治3年〔1557〕〜寛永6年〔1629〕）　墓地は東京・向丘・高林寺。

岡田藩伊東家の大名としての初代・伊東長実《ながざね》は尾張国で生まれ、初め豊臣秀吉に仕えた。伊東家は、もと伊豆・伊東（静岡県）の出身。

長実の生涯は数奇なものであった。豊臣秀吉の小田原攻め（1590年）で、軍功をたて、備中に1万石を賜り、大名になった。秀吉の死後、石田三成の謀反計画を徳川家康に密告。また、三成が挙

岡田・中村陣屋跡

岡田陣屋跡に残る長囲炉裏

兵すると、直ちに家康に注進。徳川家康は大変感激したという。関ヶ原の戦い（１６００年）では、東軍に加担したが、戦後は、大坂城に拠る豊臣秀頼に仕え、大坂冬の陣（１６１４年）、大坂夏の陣（１６１５）には、秀頼方で奮戦。冬の陣後、元和元年（１６１５）年３月、大坂より駿府に使者として派遣されてもいる。しかし、大坂夏の陣では、戦いに敗れ、高野山に逃れた。徳川家康は、長実の関ヶ原戦当時の忠功を考慮して、長実を許し、家康に仕えることを命じた。そして、元和元年（１６１５）７月、備中、美濃、摂津、河内の内、１万343石を与えた。長実の備中入国は、元和２年（１６１６）３月、現在の真備町服部・谷本（服部の章で触れた）に最初の陣屋を構えた。

岡田藩陣屋の変遷

岡田藩・伊東家の陣屋は、初代・長実時代の谷本陣屋（１６１６～１６２４、８年）から、上二万一時滞在を経て、川辺・土居陣屋（１６２４～１６６４、40年）へと移り変わった。川辺の時代は、岡田藩ではなく、川辺藩と呼ばれていた（川辺・土居屋敷跡参照）。

四代藩主・伊東長貞（１６４３～１６９３。前記高林寺に墓）は、寛文４年（１６６４）、陣屋を川辺・土居屋敷から、岡田・中村屋敷に移転。元禄14年（１７０１）まで37年続く。中村屋敷は、現在の岡田・山の谷地区で、岡田980番地周辺。屋敷跡は現在もはっきりと残り、最近まで、築山の跡も確認できた。松の段と呼ばれる屋号の家も存在するので、陣屋が廃止された後にも、陣屋跡に大きな松の木が残されていたのであろう。

5代藩主・伊東長救《ながひら》（1662～1745。前記高林寺に墓）は、元禄14年（1701）、岡田山（岡田小学校敷地）にあった寺社を強制的に移動させ、その地を岡田屋敷として整備し、藩の陣屋とした。岡田屋敷陣屋は、明治4年（1871）の廃藩置県まで170年間続いた。ちなみに伊東家10代の治世総年数は、255年におよぶ。

岡田藩支配地（高1万343石の内訳）

岡田藩が支配した村名と石高を記す。（ ）内の地名は現在の行政地名。

備中国下道郡内。川辺村、薗村（市場、有井、岡田、辻田）、八田村（真備町箭田の西半部）、陶村（倉敷市玉島陶）、二万村、服部村、妹村、尾崎村、新本村（総社市新本）、水内村《みのちむら》（総社市水内）　高7583石6斗7升6合

美濃国池田郡内。脛長村《はぎながむら》（岐阜県揖斐川町）。沓井村《くついむら》（岐阜県池田町）　高2000石

河内国高安郡内。黒谷村（大阪府八尾市）、教興寺村（大阪府八尾市）　高457石3斗2升4合

摂津国豊嶋郡内。止々呂美村《とどろみむら》（大阪府箕面市）　高302石

表高は大名としては最小であるが、一説では、実高は1万7000石程度あり、年貢収納米は7～8000石あったとされる。天保頃（1830～1844）、家臣団は、士分約100人、足軽約80人とし

て、家臣団約200人の家禄、1人平均20石とすれば、家臣団の家禄だけで年貢米のほぼ半分は消える。藩主の江戸、国許での二重生活、参勤交代費用等を考えると、あまり楽でない財政状況であったことがうかがえる。

新本義民騒動　岡田藩の苛政

岡田藩支配地・新本村（総社市新本）で、享保2年（1717）から翌3年にかけて、激しく闘われた農民一揆。原因は、新本村の古くからの入会山（野山《のさん》）である大平山《おおひらやま》、春山《はるやま》、青樹山《せいじゅさん》等を、農民から取り上げて、お留山《とめやま》とし、農民の入会権を全面的に奪う一方、植林や用材の伐採・運搬などは、非常識な安い報酬で、農民に押しつけたことへの、農民の必死の抵抗。

入会山の留山化は、岡田藩初代・伊東長実の時代から始まっていたが、5代目・長救の時代、新本周辺の全山が留山となった。山の芝草や雑木は、農民にとっては、1日も欠かせない燃料であり、田畑の肥料としても、なくてはならぬもので、まさに死活の重大事であった。農民の中には、耐えかねてひそかに山に入り、わずかながら持ち出す者もいたが、藩に見つかれば厳罰は免れなかった。農民の不満は頂点に達した。

享保2年（1717）正月、新本村惣百姓208人のうち、203人の連書で、入会山の返還、用材伐採・運搬の夫役廃止を藩庁に文書で歎願した。

藩主・伊東家とゆかりのある領内寺院、

藏鏡寺（川辺）、源福寺（川辺）、千光寺（岡田）の住職らが中に入って斡旋するなどの努力もあったが、願いは全く通じなかった。

翌年の享保３年（１７１８）２月12日午後10時、新本の農民約400名の集団が、新本を逃散するかに見せかけながら、東に向かい、岡田藩領外の山田村（松山藩）、久代村（松山藩）を通り、翌２月13日、上原村（備前藩）の高梁川右岸に着いた。この集団の中に、江戸藩邸に滞在する藩主・伊東長救に直訴する代表４名がいた。４名の者は、秦の渡し（西田の渡し）で、高梁川を東に渡り、江戸に向かった。

代表越訴をつとめる４人は、釜の口津《つ》梅《ばい》の六藏（77歳）、小下《こげ》の甚右衛門（44歳）、小砂《こさこ》の喜惣次（36歳）、稲井田の仁右衛門（44歳）。

４名は、２月29日に江戸に到着した。一方、藩庁でも、越訴の代表が江戸に向かった、との情報をつかみ、山方の守屋勘兵衛を、急ぎ江戸に向かわせた。守屋勘兵衛も２月末か、３月朔日までには、江戸に到着したと思われる。

越訴代表４名は、３月２日、岡田藩江戸屋敷（小川町。現在の神田付近）に出向き、直訴しようとしたが、守屋勘兵衛らに退去を命じられた。１日おいて３月４日、再び藩邸に出向いた。門前での押し問答はあったが、今回はなんとか、藩主に直訴することができた。

越訴の四名は、江戸幕府老中・水野和泉守にも直訴していたのであろうか、この4日には直訴の主旨がかなえられたが、一方、直訴4人は江戸藩邸に拘束された。

3月10日過ぎには、江戸藩邸で、藩主が農民の訴えを聞き届けた、とする裁定の内容が、国もと岡田藩陣屋に届けられた。守屋勘兵衛は、江戸を4月12日出発、同25日に岡田に帰着している。なお、新本の農民たちは、先発4人の直訴が失敗することも想定して、江戸藩邸直訴の第2陣を3月2日に出発させている。新庄の又右衛門（56歳）、本庄の曽右衛門（26歳）、本庄の五郎兵衛（39歳）の3名。この3名に関しては、全く記録がなく、江戸藩邸で直訴の成功を聞かされたのち、江戸追放を言い渡されるが、それ以後はようとして消息を絶ってしまった。もちろん、郷里の新本にも姿を現わしていない。

江戸時代、一揆（逃散、直訴、越訴）は、厳しく断罪された。一揆の要求は、為政者（武士側）によって、たとえ聞き届けられても、訴えの方法が問題視され、一揆の主謀者たちは死罪に処せられる場合が多かった。新本義民騒動の場合も、しかりであった。

国許・新本では、3月19日、藩は400人近い農民を呼び出して、きびしく詮議し、江戸に赴いた7名に次ぐ重要人物として15名を捕え、辻田の牢屋敷に閉じ込めた。一方、江戸屋敷に拘束されていた4人は、5月29日、国もと帰着、そのまま有井（真備町有井）の郷蔵（米蔵）に監禁された。4人の処刑（斬首）は、6月7日、新本川薙田《なぎた》の飯田磧《いいだかわら》で行われた。遺体は、六藏、甚右衛門、喜惣次は旦那寺の西明寺住職が引き取り、仁右衛門は旦那寺・圓尾寺住職が引き取った。西明寺境内に前記3名の墓碑、圓尾寺近くに仁右衛門の墓碑が祀られている。処刑の場所には、現在、犬養木堂の筆になる「義民碑」が建っている

一揆主謀者に対する岡田藩のきびしい断罪は家族にも及んだ。まず、直訴実行の4人は、

○六藏。家族4名。家は壊され、全財産没収、家族は領外追放。六藏の子供2人は分家独立していたが、その2軒の家も取り壊され、家族全員が領外追放。

○甚右衛門。家族5名。家は壊され、全財産没収、家族は領外追放。

○喜惣次。家族なし。家は壊され、全財産没収。

○仁右衛門。家族2名。家は壊され、全財産没収、家族は領外追放。

辻田の牢獄に入れられた15名に関しては、次のような処分が行われた。

○5名。7月27日。5名の者の家は壊され、全財産は没収。家族は、5名の本人を含めて合計32人全員が領外追放。

○2名。9月8日。本人のみ領外追放。家族は追放をまぬがれた。

○8名、7月1日、赦免され、自宅に帰る。

直訴第2陣で、江戸追放となり、消息を絶った3名の家族に、どんな処分があったかは、これまた、全く不明である。

さてここで問題となるのは、岡田藩の施政への評価である。前掲『真備町史』は次のような評価を記している。「藩主伊東家は代々仁政を施し、地方民よりうらまれるような出来事は殆どない。家臣もよく藩主を助け、政治にあずかり」と。『真備町史』編集者は、新本義民騒動の原因と経過を、どのように理解していたのであろうか。戦後の更生館事件でも、前述のように1行も触れることがなかった。この『真備町史』の文章は、一般読者が、歴史書に対して如何なる態度で接するべきか、を教えているように思う。

なお、新本地区（総社市新本）では、毎年7月の第3土曜日夜、享保義民騒動で犠牲になった人々に対して、その追悼と報恩感謝の気持ちを込めて、義民踊りを行っている。

また、横溝正史が岡田桜に在住当時執筆した（昭和23年2月）小説「夜歩く」は、この新本義民騒動をもとに描かれたものである。

浦池九淵　岡田藩名家老（1759〜1836）

「岡田藩に過ぎたるもの三つ」のうちの一つ、浦池は岡田藩の名家老・浦池九淵。

九淵の墓は岡田・桜地区小池《こいけ》砂古《ざこ》池《いけ》の東の丘の上にあるが、その墓碑の脇に、藩主・伊東長寛《ながとも》が建てた顕彰碑が残っている（建立は1869年）。その顕彰碑によって、彼の業績を記す。

浦池家は、岡田藩江戸屋敷に仕えた武

士で、出身は阿波・浦池村（徳島県阿波市土成町浦池）といわれている。九淵は、江戸で生まれ、幼少より勉学に励み、中根東平、山本北山、林述斎に学び、現実的な経世済民を重視した。その見識を買われ、江戸藩邸の納戸《なんど》役《やく》に抜擢された。寛政2年（1790）、国もと・岡田藩庁に派遣され、寛政6年（1794）、岡田藩執政（家老に相当）になり、以後約40年間、藩政に尽力した。岡田の地に没し、前記墓地に埋葬された。

　九淵の大きな業績は二つで、一つは藩財政の立て直し。その政策の徹底を図るため、岡田から、大坂、江戸へ10数回も往復している。もう一つは教育政策。岡田藩邸に寛政6年（1794）、武道訓練所・演武場を建設、次いで、藩士の子

浦池九淵の墓（右）と藩主が建てた顕彰碑（桜地区丘上）

弟を教育する藩校・敬学館も寛政7年（1795）に開設。教授を務めた藩士（藩儒）には佐野琴壑《きんがく》、佐野琴嶺、陶関山《すえかんざん》、伴《ばん》耻《ち》堂《ど》等がいる。

稲生宮（稲生神社。地元ではイナリ様、岡田・上町）

岡田小学校の西北約300メートルの地点に、稲生宮《いなりぐう》（稲生神社）が祀られている。岡田幼稚園、運動場の東を迂回して行かなければならないので、小学校から歩いて4、5分かかる。

稲生はイナリと読む。なぜ、稲荷《いなり》を稲生としたのかは不明。伊東家の出身地、伊豆・伊東市内（静岡県）に稲生沢川《いのうざわがわ》がある点が、筆者（中山）には気にかかる。イノウの呼称が、イナリに変化した可能性もある。

岡田藩陣屋を、中村屋敷から岡田屋敷に移転した伊東長救が、新しい陣屋屋敷の西北端に、宝永2年（1705）、稲生宮（稲生神社）を創建、陣屋の鎮守社とした。社殿は、最近、改築されているが、社殿の前の灯籠には、「宝永2年乙酉2月5日、藤原長救」と刻まれている。伊東氏は、遠く藤原鎌足に始まると伝えられることから、灯籠には伊東長救とせず、藤原長救としたものと思われる。また、「岡田藩に過ぎたるもの三つ」の一つ、時の鐘は、この神社の釣鐘（正徳5年（1715）設置）であった。稲生宮の祭礼は、2月の初午、7月の夏祭りの年2回、岡田・上町地区のみで行なわれている。

岡田大池（岡田・山の谷　土地台帳では上町）

稲生宮のすぐ西に、岡田大池が広がっている。

池の中に弁天島（弁財天宮を祭祀）があり、景観の素晴らしい大池。建設年代は不明であるが、17世紀初頭、備中国奉行・小堀政一（遠州、1579～1647）が建設したと推定されている。弁天島、弁財天宮（地元では弁天さま）は、享保元年（1716）に造られたようで、弁財天宮の社殿前の灯籠には、享保元年（1616）丙申12月吉日の銘が見える。建設に当たったのは、前記の守屋勘兵衛である。

なお、岡田大池は農業灌漑用水として、現在も重要な役割を果たしている。

岡田大池

岡田大池に浮かぶ弁天さま

真備ふるさと歴史館（岡田・上町）

大池南堤防の東端南に真備ふるさと歴史館がある。弁天さま入口から南に歩いて数分。

平成6年（1994）に開館。岡田藩関係の古文書等を収蔵、展示している。また、館内には、横溝正史が、岡田での疎開生活を切り上げた後の、東京での執筆活動をしのばせる書斎が復元されている。机は、実際、彼が愛用していたもので、東京の自宅から運び込んだもの。筆者（中山）は、この机が東京から岡田に運ばれた直後、東京の横溝正史宅を訪ねる機会があったが、その際、横溝正史夫人は、「机が無くなってさびしいので、全く同じ物を新しく作って同じ場所に置いている」と述懐された。東京の正史自宅の机がレプリカで、真備ふるさと歴史館のものが本物であることを知ると、この机が一層貴重に思えてくる。

この歴史館に収蔵されている岡田藩関係の古文書類については、毎月2回、館

真備ふるさと歴史館

復元された横溝正史の書斎

内会議室に10数名が集まり、2時間程度、古文書解読が行われていた。解読されたものは、原古文書につけて、多くの人が、簡単に内容が理解できるよう便宜をはかっている。

開館日は毎週、土、日、火、水曜の週4日。開館時間は午前10時～午後4時。入場無料。

[近辺ガイド] ＊天理教志茂道《しもみち》分教会 ＊藩校敬学館跡

国司神社《くにしじんじゃ》（辻田・旧森《きゅうもり》）

旧岡田村役場跡（現遊園地）から東南へ約300メートルほどのところに、樹々に囲まれて国司神社がある。

この神社は、毛利氏家臣の国司隠岐守を祀ったことから、国司神社と呼ばれるようになったというのが、従来、一般の理解であったが、実は毛利氏家臣に国司隠岐守という人物はいない。16世紀後半、毛利氏家臣で実在したのは国弘隠岐守である。案ずるに、この地に古くから祀られていた国司神社に、上原用水路の大恩人2人、国弘隠岐守と、上原村（総社市上原）庄屋・小原七郎左衛門（～延宝5年〔1677〕）を合祀したと考えられる。

上原井領用水は、高梁川から水を引き、総社市上原・下原を経て、真備町の東半部の地域を潤す灌漑用水である。

毛利氏が備中を支配していた16世紀後半、備中郡代を勤めた国弘隠岐守が、高梁川の豪渓秦橋付近で用水を取り入れ、井領用水を築いたのが、上原井領用水の始まり。この水路はその後、高梁川の洪水などで、使えなくなり、取水口の変更も試みたが、必要な水量が確保できず、不便は長く続いた。17世紀、江戸時代に入ると、毛利の備中支配は終わり、用水利用者の大部分は岡田藩領の農民たちとなった。

この当時、取水口は、岡山藩領の上原村、現在の総社大橋より少し上手(右岸)にあったが、その取水口も非常に狭く、農民たちは毎年のように水不足に苦しんだ。

この惨状を見かねた、岡山藩領の上原村庄屋・小原七郎左衛門が、その取水口を拡張、整備し、用水の安定確保を実現した。農民たちは大喜びしたが、一方、岡山藩は、藩に無断で、七郎左衛門が他領住民のため、勝手に藩の土地を提供したと咎め、あろうことか、彼を延宝5年

上原井領用水路の国司神社

（1677）、上原河原で打ち首とした。七郎左衛門の死と引き換えに、恩恵を受けた岡田藩の農民達は、彼を国司神社に合祀するとともに、その子孫に、首代《くびしろ》として、毎年米1俵を、太平洋戦争中まで贈り続けた。

［近辺ガイド］　＊三宝山清願寺

上原井領用水（総社市上原、富原、下原、真備町辻田、岡田、有井、市場、箭田、下二万、川辺地区を灌漑）

旧岡田村役場跡のすぐ南側を、東から西に流れる灌漑水路（上原井領用水路）を、地元では井出川《いでがわ》と呼んでいる。

上原井領用水の、高梁川からの取水地点は、現在は大きく変更されている。以前は高梁川右岸からの取水であったが、現在は左岸。1965年（昭和40）、総社市湛井に高梁川合同堰が完成したとき、同時に上原井領用水の取水地点も変更された。高梁川合同堰の水は、いったん左岸脇（総社市井尻野1033番地付近）の静水池に導かれ、そこから地下水路で高梁川を東から西に抜け、総社市上原16番地付近で地上に出て、コンクリートの水路で南に、次いで東に流れ、総社大橋付近で従来の上原井領用水路につながっている。

そして総社市下原で、新本川の川底を、もう一度くぐり、県文化財に指定されている下原・磨崖仏（六地蔵と不動明王像。応永5年〔1398〕の銘あり）のすぐ脇を通って、真備町に入る。こうして真備町に入った上原井領用水が、岡田、川辺、薗、箭田、二万の一部まで田畑をうるおし、地域の農業を大きく支えている。

満願寺宝篋印塔（辻田・東真備団地南、小字は古屋敷）

国司神社から、水田の中を通るあぜ道を真東に進むと、団地集落の西側、道路の北に、満願寺宝篋印塔がある。

県指定の重要文化財にもなっている立派な石造宝塔。この宝塔、戦後まもなくの頃までは、宝塔下部は地中に埋もれ、宝塔上部が傾いた状態で建っていた。平安時代からの寺院・満願寺の宝篋印塔といわれ、昭和30年（１９５５）前後に、塔の台座等も発掘して、地上に正しく据え直した。

宝篋印塔とは、元来は、宝篋印陀羅尼

上原井領用水の地蔵分水付近

経を納めた塔であったが、後、墓碑、追善塔に変化。平安時代末期からつくられ始めたようである。この満願寺宝篋印塔は、様式から、14世紀、南北朝時代初期のものといわれている。

『吉備郡史』巻中に、浦池九淵『實相公實録』（岡田藩第6代藩主・伊東長丘の政治記録）の文章が引用してある。「享保9年（1724）9月15日、辻田の大松が焼失して、その下から宝塔が出てきた。台座には、正治元年（1199）8月15日建立とあり、願主は明遍上人、参加協力した人々は宝塔供養攘災会一結衆である」と。現在の満願寺宝篋印塔の台座を調べてみると、かすかに「八月十」「建立之一結衆」「攘災」の文字が判読できる。これにより、現在判読できない文字は、前記享保時代に判読できた文章が、そのまま利用できる、と筆者（中山）は判断する。

願主の明遍（1142~1224）は、法然門下の熱心な浄土宗僧侶。法然の死後、法然の遺骨を首に掛けて離すことがなかったといわれる。満願寺の宝塔が建立された正治元年（1199）には、法然は未だ活躍中であったため、明遍の首には法然の遺骨はなかったであろうが、法然の生誕地が美作国であったため、明遍が備中国にも足を延ばし、浄土宗布教につとめていたことは想像できる。銘文に攘災会（災害の犠牲者を追悼し、再び災害が起こらないことを祈念する法要）と見えるので、満願寺宝塔は追善塔と考えられる。

美術史家は、満願寺宝篋印塔を様式から判断して14世紀のものとするが、台座には明確に平安時代末の年号が見える。これは、平安時代末の台座（台座のみ残存）の上に、14世紀、南北朝時代様式の宝塔を重ね置いた、と考えることができる。

堂応寺宝篋印塔（辻田・堂応寺）

満願寺の宝篋印塔から北に歩いて約10分、辻田・堂応寺集落のある丘の中腹に、堂応寺の宝篋印塔がある。

鎌倉時代末期、14世紀初頭の宝篋印塔で、国指定重要文化財。台座には、正和3年（1314）10月12日に勧進聖《かんじんひじり》（布教しながら寄付金を集め、塔、寺院の建立をはかる僧侶）円覚が宝塔を建立した旨がハッキリと陰刻されている。円覚については詳しいことはわからない。この宝篋印塔は、満願寺宝篋印塔と同じく、追善塔として建立されたもの。

この宝篋印塔の近くから、年号の見える古い瓦が出土した。その銘文は、「元

堂応寺宝篋印塔

満願寺宝篋印塔

亨２年（１３２２）八月。備中国薗庄東庄導〔堂〕応寺の瓦である。瓦職人（大工）和泉国行が作った」とある。出土した瓦は、鎌倉時代末期、14世紀初頭のもの。この古瓦から、薗東荘（東薗荘）の存在が確認される。堂応寺宝篋印塔が建立された頃、薗東荘は皇室領（花園天皇）であったが、貞和元年（１３４５）に山城国長福寺領と荘園領主が変わっている。

東光山・大円寺（浄土真宗　辻田・西之谷）

堂応寺宝篋印塔から、いったん丘を東に下りて、すぐ真北に進むと、大円寺に着く。

創建は室町時代（南北朝時代）、南朝の年号である正平年間（１３４６～１３７０）という。当初は真言宗で、辻田137番地付近、現在の真備東中学校の東北約50メートル、新道の西側付近にあった。21代住職・正達法師（伊予国出身）の時、文化８年（１８１１）、浄土真宗に改宗。その後、たび重なる水害（明治元年〔１８６８〕、明治26年〔１８９３〕）で、22代住職・達道法師は、明治32年（１８９９）、現在地に御堂を完成させた。古記録、寺宝等は、明治26年の水害ですべて流失したと伝えられている。なお、大円寺は、現代日本の代表的経済学者であり、経済評論家である奥村宏氏（１９３０年生）の生家である。氏が日本の資本主義を法人資本主義と規定した学説は有名。著書多数。龍谷大学、中央大学教授歴任。商学博士。

［近辺ガイド］　＊懐かしのクラシックカー・オンパレードのマビ昭和館

清蓮山・森泉寺（真言宗　辻田・森）

堂応寺宝篋印塔の丘の下の用水路に沿った道を、西に少し進むと、右側に森泉寺の参道が見えてくる。

大円寺

森泉寺も水害等で、宝暦年間（1751～1764）に、現在地である丘の上に移転してきた。古来、森泉寺は前述・国司神社東南、辻田317番地あたり（小字は森）に所在していた。森、古森《ふるもり》、旧森《きゅうもり》（小字に森、森後あり）などの地名は、すべて森泉寺の森の字に由来するといわれている。森泉寺が、旧森から現在地に移転してきた際、明徳寺（森泉寺住職の隠居寺ともいう）を合祀した。

　森泉寺の開基は、寺伝では、推古天皇29年（621）で、聖徳太子（574～622）を開山とする。そして再興開山は、平安時代中期、日本浄土教の基礎をつくった天台宗僧侶・恵心僧都源信《えしんそうずげんしん》（942～1017）。

　元禄14年（1701）、前記したよう

に、岡田藩・伊東家は陣屋を中村屋敷から岡田屋敷に移転したが、この時、岡田屋敷への移転、岡田屋敷の設計等を指導したのが、元禄15年（１７０２）に死去した森泉寺住職・法印快隆であったといわれる。

森泉寺本尊は聖観音像（木造）で、恵心僧都源信作と伝えられ、平安時代末期の作。また、明徳寺本尊との伝承がある十一面千手観音像（木造）も、同じく平安時代末期（鎌倉時代初期との説もある）の作品である。

なお、森泉寺裏手の墓地には、岡田藩藩儒を代々つとめた佐野家や、同じく藩儒であった、伴《ばん》址《ち》堂《どう》（１８１５～１８６７）の墓碑などが祀られている。

森泉寺

薗（有井・市場）を歩けば

①大日庵　②龍王塚古墳　③寶生院福寿寺　④古川古松軒居宅跡
⑤西園神社　⑥正蓮寺　⑦永山卯三郎生家　⑧馬入山城
⑨井上桂園生家　⑩報恩寺　⑪田渡神社　⑫真備美しい森

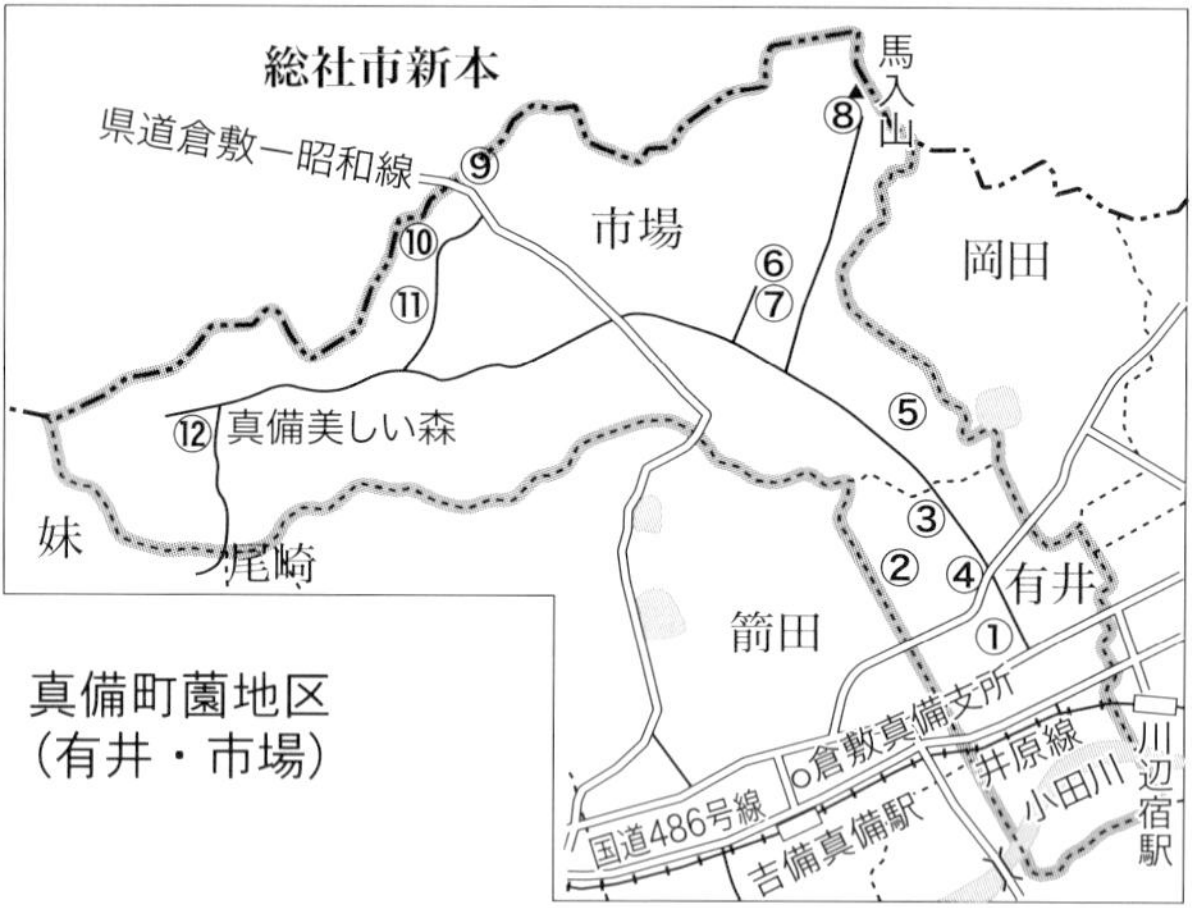

真備町薗地区
（有井・市場）

薗（有井・市場）を歩けば

真備町薗地区を散策する際のスタート地点は、大字有井の通称｛有井《ありい》土手《どて》｝が一番ベターであろう。川辺の高梁川堤防から西へ向かう旧山陽道では、川辺と箭田のほぼ中間、末政川の堤防と交わるところが有井土手だ。堤防のすぐ東隣に、タクシー会社があるのも分かりやすい。それに、末政川は薗地区の一番奥、真備美しい森がある末政地区を源流として、市場・有井の中心部を流れ、薗のメイン道路ともほぼ接しているので、薗を歩く際は常に目印となる川だ。

町外から、公共交通機関で、この有井土手に来られるときは、伯備線・清音駅から井原鉄道・ひと駅目の川辺宿駅で下車。駅前から北へ歩いて約10分（途中、国道486号線を横切り）、旧山陽道〈市道146号線〉に出る。この道を西へ約300メートルで、有井土手に着く。

大日庵（有井・下有井）

有井土手から、末政川の西堤防を北へ150メートルほど進むと、堤防下に大日庵が見えてくる。

ここに祭祀されている本尊の大日如来は、大変マムシ嫌いの仏さまという伝承があり、そのため、かって、下有井にはマムシがいないとか、マムシに噛まれる者はいない、といわれてきた。マムシ除けのご利益、加護をもとめて、現在も広く信仰されている。

境内には「溺死群霊之墓」が、明治14年（1881）7月に建立されている。碑文によると、明治13年6月は、長雨が続き、7月1日、高梁川堤防が決壊、有井地区は甚大な被害をこうむり、死者は33人に達した。このため、哀悼の意を碑石に刻み、後世まで、溺死者群霊を供養する、としている。

龍王塚古墳（有井・上有井）

もう一度、末政川堤防に戻り、少し北に歩くと、小さい橋がある。この橋から西に進むと、まきびの里保育園の前に出る。この付近から北を望むと、樹木に覆われた丘が見える。この丘が龍王塚古墳。

5世紀頃の中期古墳で、かなり大きく、方墳といわれている。竪穴式石室で、その内部から、直刀、鉄斧などの鉄器、馬具の一部も発見された。この地は、古代吉備の豪族・薗（苑）臣の支配地で、薗（苑）氏を埋葬した古墳の可能性がある。

龍王の名称は、この古墳の頂上に、雨乞いの神である龍王様が祀られていることによる。この龍王宮は、旧岡田藩が、領内の雨乞いの惣鎮守として、天保14年（1843）、勧請したもの。古墳が、竪穴式石室であることが発見されたのは、昭和37年（1962）、龍王宮社殿が改築された時であった。

[近辺ガイド]　＊力持ちの大男で知られた小田鼐《だい》三郎が住んだ有井・小山集落

溺死群霊之墓（大日庵）

小田鼐三郎の懐石（寶生院庭）

八幡山・寶生院福壽寺（真言宗　有井・上有井）

龍王塚古墳の丘から、東北にしばらく歩くと、寶生院にいたる。

寺名を八幡山寶生院福壽寺としたのは、高梁川洪水で真備町川辺にあった藏鏡寺（川辺・藏鏡寺跡参照）を明治27年（1894）、併合祭祀したことによる。福壽山寶珠院藏鏡寺の寶の字と、八幡山利生院阿弥陀寺の生の字を結び付けて、旧八幡山利生院阿弥陀寺を八幡山寶生院福壽寺としたものである。

利生院阿弥陀寺の創建年代は不明であるが、もとの所在地は市場・狩砂《かりざこ》集落辺（小字・竹の内）であった。江戸時代初期、市場・末政の勧請池堤防が決壊した洪水のため、寺は流失し、現在地の上有井に移転した。再建（寺伝に寛文6年〔1666〕本堂再建とあるのは、この時だった可能性もある）された寺は、寺名を竹林山利生院阿弥陀寺と称した。しかし、天和元年（1681）、こんどは寺が全焼し、佛像、過去帳等、一切が焼失した。元禄七年（1694）に、2度目の再建。享保8年（1723）より山号を八幡山と改め、八幡山利生院阿弥陀寺とした。

江戸時代、寶生院の住職は、近郷の神社の別当（社僧）を勤めていた（岡田・東薗神社参照）。また、この寺には、本堂が二つある。旧藏鏡寺本堂と旧阿弥陀寺本堂。

［近辺ガイド］　＊岡田藩刀鍛冶・佐々木正成工房跡（霊泉）　＊涼月庵

＊正岐神社

古川古松軒居宅跡（有井・上有井）

寶生院から東南へ、しばらく歩くと、末政川西側土手に接して古川古松軒居宅跡がある。

江戸時代の地理学者・旅行家・古川古松軒（享保11年〔1726〕～文化5年〔1807〕）の生誕地は、現在の総社市新本。のち真備町岡田に居住し、晩年は真備町上有井（有井507番地付近）に住んだ。古松軒は号で、岡田の家（岡田378番地付近）の庭に、古い松があったことによる。上有井の家の庭には、竹が植えてあったので竹亭と号した。黄薇山人の号もある。諱は辰、正辰、通称は平次兵衛。下道郡新本村（総社市新本）の名族であり、大庄屋の橋本家の生まれ。母は辻田村の庄屋・池田家出身で、和歌を詠み、書をよくした教養人であった。この母は、古松軒、8歳の時死去、30歳であった。このために、彼は母方の祖母の手（辻田・池田家）で育てられた。

古松軒の履歴は、大変興味深いもので、彼に関心を持たれる読者は、ぜひ、彼の著作『東遊雑記』（東洋文庫、平凡社）をまず読まれ、次に、詳しい日本史辞典類で、彼の項目を勉強されるとよい。そして、図書館では、藤井駿「先駆者としての古川古松軒」（『吉備地方史の研究』〔昭和46年、法蔵館〕）で、彼44歳の時、明和6年（1769）、一念発起して勉学・研究に励むことを誓った誓約書に、ぜひ眼を通していただきたい。

古川古松軒の墓碑は、総社市新本・宅源寺境内の墓地に祀られている。

[近辺ガイド]　＊ごぜが造ったと伝えられる、末政川のごぜ橋

西園神社（八幡宮ともいう。市場・田中）

寶生院から末政川の東側を走る自動車道（県道・市場－川辺線）に出て、しばらく北上すると、書家・井上桂園揮亳になる「西園神社」の石碑が、道路べりに建っている。西園神社の参道口だ。

もともと、薗郷（西薗、東薗に分割される以前の広域地。分割は鎌倉時代の13世紀）全体の産土神が祀られていたのは、現在の岡田小学校（江戸時代は岡田藩陣屋所在地）付近の丘陵上であった。その

龍王塚古墳

井上桂園揮亳の西園神社石柱

神社の祭神はオンザキであるが、荘園（薗郷）分割で、西薗荘が誕生すると、現在の西園神社の地に、西薗荘の鎮守として、オンザキの分霊が祭祀された。氏子となった市場、有井地区の人々は、その分霊になじめなかったのであろうか、戦国時代、天文9年（１５４０）、地元の白神氏が大願主となり、新しく社殿を創建し、八幡宮（祭神は応神天皇）を勧請した。このため、最近まで氏子総代は、代々、白神氏の子孫が務めていた。しかし、神社祭事は社僧の仕事で、近くの寺の僧侶がつとめていた、と推定される。なお、現在、神社の正式名称は西園神社で、草冠のない園である。

林松山・正蓮寺（真言宗　市場・嵯峨野）

薗小学校前の道路をしばらく北西に進み、嵯峨野の集落で、道を右にとっていくと、丘の中腹に正蓮寺がある。

正蓮寺は、江戸時代末頃までは、市場・見瀬にあったが、明治初年の廃仏毀釈で荒廃。そのため、市場・嵯峨野の蓮光寺（もともと正蓮寺の隠居寺）と合併。蓮光寺本堂を正蓮寺の本堂にして、正蓮寺と称した。現在の正蓮寺の庫裡は、旧蓮光寺の本堂を兼ねた庫裡であり、幕末、慶応2年（１８６６）の建築。正蓮寺の庭中央には、立派な鐘楼があるが、釣鐘は昭和38年（１９６３）完成のもの。太平洋戦争で梵鐘は供出され、一時、鐘楼には釣鐘がなかった。

歴史学者・永山卯三郎生家（市場・嵯峨野）

正蓮寺のすぐ下の民家が、永山卯三郎の生家である。門前の道に古い松並木が続き、江戸時代の豪農民家のたたずまいを残す。

永山卯三郎（明治7年〔1875〕～昭和38年〔1963〕）は、西園神社氏子総代を代々つとめた白神家（屋号オモテ）の三男に生まれたが、後、児島郡粒江村黒石（現倉敷市黒石）の永山家養子となり、永山姓となった。明治32年（1899）、岡山県師範学校を卒業、高等小学校教員をつとめながら中学校教員検定試験に合格、明治35年（1902）より、岡山県師範学校教員として、32年間つとめた。岡山県内の地方史研究に精力的に取り組み、多くの大著を残した。『岡山県金石史』（1930）、『岡山県通史』（1930）、『岡山県農地史』（1952）、『吉備郡史』（1937）、『池田光政公傳』（1932）等々。これらすべての著作には、原史料が縦横に取り入れられており、時代をこえて、現在も参考になる文献として評価が高い。

死後、蔵書は倉敷市立中央図書館に一括寄贈され、「玄石文庫」として利用されている。『玄石文庫図書目録』（昭和40年、倉敷市教育委員会）は、索引をふくめて176頁。

馬入山城（市場・馬入山。馬入堂山と呼ばれることもある）

薗小学校前の自動車道を、西へ少し行

ったところに材木店がある。その先を右に折れ、北方に見える馬入山の麓めざして進む。途中、いずれも右手に、四十二池、筒井池、新池の順に、池が出てくる。新池を過ぎたところから東方向に、馬入山の山道を登る。地元の方の奉仕活動で、馬入山頂・馬入山城まで登れるようになっているが、新池からでも、片道30〜40分ぐらいはかかると見ておく必要がある。

馬入山城（標高186メートル）は、戦国時代末、足利氏分流の武将・上野隆徳（〜1575）の居城であった。上野隆徳は、児島・常山（現玉野市）の城主でもあった。

備中の武将・三村と結び、毛利と戦うも、天正3年（1575）正月、馬入山城は毛利に攻め取られる。隆徳は児島・

たけのこ村跡付近から望む馬入山城

常山城に拠って再興を図ったが、同年6月、常山城も落ち、ついに自刃して果てた。

なお馬入山城の家臣団にいた三宅、佐々井、塩見、河内、白神等の姓は、現在も薗地区や近郷に多数見受けられる。

書家・井上桂園生家（市場・建坂）

真備町市場地区から建坂峠《たてざかとうげ》を越えれば総社市新本。その峠の頂上付近は、最近、旧道を廃止して、新しい道路につけかえられた。井上桂園生家は、峠の旧道に面して建っていたが、現在は、道路改修により、少し南に移転改築されている。

井上桂園（本名は政雄。明治36年（1903）～平成9年（1997））は、この地で、若林家の次男として生まれた。のち、祖母・井上千賀の養子となり、井上姓となる。井上千賀の夫は岡田藩士で、岡田藩の明治2年（1869）の分限帳では「御隠居様御賄」とみえ、岡田藩九代目藩主・伊東長裕《ながやす》の身辺に仕えた。

桂園は、薗小学校、矢掛中学校を卒業後、代用教員を一時つとめたあと、岡山師範学校に入学。大原桂南に師事。師範学校卒業の年、文検習字科合格。岡山二中、熊本師範、広島高等師範、戦後は広島大学等で教えた。彼を著名にしたのは、戦前、国定教科書の習字（書道）部門を執筆したことである。昭和15年（1940）ごろから、全国の小学校（国民学校）で、彼の手になる教科書が用いられ、戦後も、検定本・書道教科書を執筆した。

萬壽山・報恩寺（臨済宗　市場・門所）

建坂登り口付近の県道西側に、千切池という、小さい溜池がある。池を過ぎたあたりで、県道を左に折れ、農道を門所《もんじょ》の谷筋にとると、一番奥に報恩寺がある。

寺伝では、創建は平安時代中期、応徳年中（１０８４～１０８７）で、はじめは天台宗であったが、23世・鏡山（～１５２２没）の時、臨済宗に改宗。前記馬入山城主・上野隆徳が、大永元年（１５２１）、伽藍を整備し、寺田も寄進した。

江戸時代に入り、岡田藩家老の千石氏が寛永年間（１６２４～１６４４）、伽藍を再興し、菩提所とした。そのため、寺境内には、千石家歴代の立派な墓石群が祀られている。

田《た》渡《わたり》神社《じんじゃ》（市場・下田口）

報恩寺をあとに、来た道を引き返すと、右手・南に堤防を新しくした南砂池が見える。この池の土手から南に少し歩くと、田渡神社。

田渡神社の祭神・田渡大明神は、大年神、倉稲魂命等であると伝えられている。年神のトシは米を意味すると解釈されているし、倉稲魂命はイネそのものであるから、稲作を守護する神社である。正月にまつる年神様は、別名年徳様《としとくさま》ともいわれ、島根半島には、常設の年徳堂がまつられている。田渡神社はこの年徳堂に相当するものである。また日本各地に、稲作を守護する田の神は、稲作の時期に山より下りてきて稲作を守り、収穫が終わると、再び山に帰るという信仰が広く存在する。この田渡神社は、山より田の神が降臨して鎮座する社殿を示すもの、とも解釈できる。まさに日本古来の、稲作に対する人々の篤い信仰を物語る、貴重な神社といえる。

薗（苑）の地名は、はやくも5世紀前期、『日本書紀』応神天皇条に出てくる。

応神天皇二十二年、応神妃の一人・兄《え》媛《ひめ》が、出身地の吉備に里帰りした時、天皇も兄媛の後を追って吉備・足守に行幸

家老千石家の墓地（報恩寺）

田渡神社

してきた。その時、吉備の豪族・御友別《みともわけ》が天皇を心から接待し、いたく喜ばれた天皇が、御友別一族にそれぞれ支配地を賜った。

御友別の長子には川島県《かわしまのあがた》（下道臣の居住地）、御友別の兄には苑《その》（薗）県《あがた》を与えた。その兄の子孫が苑（薗）臣となった。

田渡神社の起源は、応神天皇よりも遙かに古く、紀元前1、2世紀頃の弥生時代、稲作文化発生の時期までさかのぼるのではないか、と筆者（中山）は考えている。

真備美しい森（市場・末政）

田渡神社前の道を南に歩くと、幅の広い自動車道（市道・下田口線）に出る。この舗装された坂道を西に向かって、ゆっくり、ひたすらに約1時間弱、登ると、末政地区・真備美しい森に着く。田口池の上まで集落があるが、そこを過ぎると、末政まで人家はない。

ここは岡山県内10カ所に造られた美しい森の一つ。県が事業主体となり、平成11年に完成したが、管理・運営は現在、倉敷市が担当している。約45ヘクタールの敷地に、有料のビジターセンター、バンガロー、テントサイト等が設けられ、宿泊も可能だ。

真備美しい森の大きなイベントとしては、5月5日のコイノボリ、6月第1土曜日のホタルの祭りがある。

なお、真備美しい森は、禁猟区に指定されていないので、特に狩猟期には、万一のため、森の中の散策は、各自、身の安全を考えて行動する必要がある。

参考文献

◇「真備町史」昭和54年　◇「総社市史通史編」平成10年　◇「岡田村史」大正12年　◇「薗村誌」大正14年　◇佐々井祐正「薗乃歴史」昭和29年
◇「矢掛町史」昭和57年　◇「船穂町誌」昭和43年　◇「徳島県土成町史上巻」昭和50年　◇「吉備郡史　上・中・下」昭和12〜13年
◇山陽新聞社「岡山県大百科事典　上・下巻」昭和55年　◇平凡社「日本人名大事典・第6巻」１９７９年　◇山陽新聞社「岡山県歴史人物事典」平成６年
◇岡山県人名辞書発行所「岡山県人名辞書」大正７年　◇風間書房「倭名類聚鈔」昭和45年　◇弘文堂「日本民俗事典」昭和47年　◇吉川弘文館「仏像図典増補版」平成２年　◇岩波書店「日本古典文学大系・日本書紀上巻」１９６７年　◇法蔵館・藤井駿「吉備地方史の研究」昭和46年　◇吉備人出版「おかやま伝説紀行」２００６年　◇平凡社・古川古松軒「東遊雑記」昭和50年　◇「真備町ふるさと歴史館・古文書読解」同歴史館蔵
◇日名静一「穴門山神社文徴録」昭和12年　◇同「弥高巡拝」昭和34年
◇「吉備寺と佛銭書画－杉岡俊雄僧正追悼号」平成８年　◇「蔵鏡寺縁起」寶生院福壽寺　◇服部地区いきいき支援事業推進委員会「真備町服部の歴史」平成16年　◇記念碑建立・岡山県実行委員会

「吉備真備記念碑建立記念誌」昭和61年
◇角川書店・横溝正史「本陣殺人事件」昭和48年　◇講談社「新版横溝正史全集第18巻」昭和50年　◇徳間書房「横溝正史の世界」昭和51年　◇角川書店・同「獄門島」昭和46年　◇戎光祥出版「横溝正史研究3」平成22年
◇新潮社・塩尻公明「或る遺書について」昭和23年　◇講談社・大森実「エンピツ一本・上」1992年　◇同朋舎出版「現代岡山県社会福祉事業史」昭和58年　◇三宅敏治「岡田更生館」平成20年
◇粕谷米夫「苔の香」1983年
◇高梁川流域連盟編「高梁川第58号」平成12年　「同第67号」平成21年　「同第70号」平成24年の各号

あとがき

本書の発行に当たり、執筆担当者3人が、まず決めたことは、「書くべき事項を、もう一度ていねいに当たり直すこと」であった。正確を期すことが主目的であるが、近年の事情として、2、3年前、その山に登った時は、登山道はちゃんと整備されていたのに、今回登ったら荒れ放題で、やむなく引き返すなんてことも、よくあること。聴けば、地元集落の高齢化で、下刈りができなくなったためという。なんとも切ない。

再チェックの努力は、「嬉しい悲鳴」という効果も生んだ。ていねいに聞き取りしたり、調べていく過程で、これまで知らなかった大事なことが、予想外に多く集まった。「これはぜひ記録に残しておきたい」との思いから、筆が進み、原稿量が予定を大きく超えた。しかし、ページ数は、やたらと増やすわけにはいかない。そこで、新しいことを加えながら、全体ではスリム化を図るという苦労を、関係者みんなで分かつことになる。

ともあれ、こうしてできあがった本書が、真備町を楽しく歩くための「友」として、多くのみなさんに活用されることを心から願い、あとがきのことばとする。

小野克正

著者略歴

小野　克正　　　倉敷市真備町箭田3821

関西大学新聞学科卒。山陽新聞社入社、広告開発部長等歴任。倉敷医療生協常務理事など勤む。著書に「実像・吉備真備」ほか。

加藤　満宏　　　倉敷市真備町川辺1345

倉敷商業高校卒。郵便局職員の傍ら、郷土史の研究を続ける。地域の福祉や世話役活動に従事。現在、吉備路ボランティアガイド協会員

中山　　薫　倉敷市真備町岡田1526の５

倉敷青陵高校で30年間、日本史を教え、岡山大学文学部非常勤講師、真備町教育委員長歴任。現在、歴史・民俗・井伏鱒二を研究。

岡山文庫　301　真備町(倉敷市)歩けば

平成28(2016)年６月17日　初版発行
令和４(2022)年12月28日　２版発行(一部改訂)

著　者　小　野　克　正
　　　　加　藤　満　宏
　　　　中　山　　　薫
発行者　荒　木　裕　子
印刷所　株式会社三門印刷所

発行所　岡山市北区伊島町一丁目4-23　日本文教出版株式会社
電話岡山(086)252-3175㈹ 振替01210-5-4180(〒700-0016)
http://www.n-bun.com/

ISBN978-4-8212-5301-2　

● 岡山県の百科事典

二百万人の

岡山文庫

○数字は品切れ

1. 岡山の植物・西原礼之助
2. 岡山の祭と踊・神野力
(3.) 岡山の焼物・桂又三郎
(4.) 岡山の古墳・鎌木義昌
5. 岡山の民家・鶴藤鹿忠
6. 岡山の文学碑・山本遺太郎
7. 岡山の仏たち・脇田秀太郎
8. 岡山の動物・松本邦夫
9. 岡山の鳥・杉鮫太郎
10. 大原美術館・藤田慎一郎
11. 岡山後楽園・宗定克則・杉鮫太郎
12. 岡山歳時記・吉岡三平
13. 岡山の建築・巌津政右衛門
(14.) 瀬戸内海・緑川洋一
15. 岡山の民芸・外村吉之介
(16.) 吉備路・神野力
17. 岡山の魚・青木五郎
18. 岡山の昆虫・倉敷昆虫同好会
19. 岡山の城と城址・藤井駿・市川俊介
(20.) 岡山の果物・三宅忠一
21. 岡山の風物・岡山県広報協会
22. 吉備の女性・吉岡三平
(23.) 岡山の伝説・立石憲利
24. 岡山の酒・小出巌・西原礼之助
(25.) 岡山の街道・山陽新聞社
(26.) 岡山の絵画・脇田秀太郎・巌津政右衛門
(27.) 水島臨海工業地帯・平方与平
(28.) 岡山の旅・岡山県観光連盟
29. 蒜山高原・二若・富国・徳山
30. 岡山の歌謡・英玲二
(31.) 岡山の遺跡めぐり・間壁忠彦・葭子
(32.) 備前焼・小山冨士夫・藤原雄・中村昭夫
33. 岡山文学風土記・大岩徳二
(34.) 美作路・小山健三
35. 岡山の俳句・塩尻青笳・島津青沙
36. 岡山音楽夜話・保田太郎
37. 閑谷学校・巌津政右衛門・坂本一夫
38. 岡山の川柳・弓削川柳社
39. 岡山の民話・岡山民話の会
(40.) 岡山の刀剣・小林種次
41. 岡山の短歌・杉鮫太郎・藤原幾太
42. 岡山の医学・中山沃
43. 岡山の藺草・鈴木尚夫・中村昭夫
(44.) 岡山の人物・黒崎秀明
(45.) 岡山の駅・難波数丸
46. 岡山の現代詩・坂本明子
47. 岡山の交通・藤沢晋
(48.) 岡山の教育・秋山和夫
(49.) 備中神楽・山根堅一・坂本一夫
50. 岡山の民具・鶴藤鹿忠
(51.) 岡山の宗教・長光徳和
52. 吉備津神社・藤井駿・坂本一夫
53. 岡山の貨幣・原三正
(54.) 岡山の古戦場・多和和彦
55. 岡山の石造美術・巌津政右衛門
(56.) 岡山の方言・十河直樹
57. 岡山の歴史・柴田一
58. 岡山事物起源・吉岡三平
(59.) 高梁川・宗田克巳
(60.) 岡山の干拓・吉岡三平・進昌三
61. 岡山の電信電話・萩野秀
62. 吉備高原・宗田克巳
63. 岡山のおもちゃ・吉永義光
64. 吉井川・宗田克巳
65. 岡山の港・巌津政右衛門
66. 岡山の絵馬と扁額・脇田秀太郎
(67.) 旭川・宗田克巳
68. 岡山の温泉・石井猛・圓堂稔
69. 岡山の県政史・蓬郷巌
70. 岡山の道しるべ・巌津政右衛門
71. 岡山の笑い話・稲田浩二・和子
72. 美作の歌舞伎芝居・二宮朔山
(73.) 岡山の民間信仰・三浦秀宥
(74.) 岡山の奇人変人・蓬郷巌
75. 岡山の食習俗・鶴藤鹿忠
76. 岡山の明治洋風建築・中力昭
77. 山陽路の地理散歩・宗田克巳
(78.) 岡山の風俗・蓬郷巌
79. 岡山の海藻・大森長朗
(80.) 岡山の書・佐藤英夫
81. 岡山浮世噺・岡長平
82. 岡山の神社仏閣・市川俊介
83. 中国山地・三浦秀宥・竹内平吉郎
(84.) 岡山の島・巌津政右衛門
85. 岡山の山と峠・宗田克巳
86. 吉備の石ぶみ・井上雄風
(87.) 岡山の怪談・佐藤米司
88. 岡山の自然公園・山陽カメラクラブ
89. 岡山の漁業・西川太
90. 岡山の天文気象・石田五郎・佐橋謙
91. 岡山の郵便・萩野秀
(92.) 岡山の鉱物・沼野忠之
93. 岡山のふるさと村・巌津政右衛門
94. 岡山の経済散歩・吉永義光
95. 岡山の庭・山本利幸・前田勝也
96. 岡山の匠・浅原健
97. 岡山の童うたと遊び・立石憲利
98. 岡山の衣服・福尾美夜
(99.) 岡山の民俗・土井卓治・佐藤米司・鶴藤鹿忠
(100.) 岡山の樹木・西原礼之助・古屋野寛

101. 岡山と朝鮮・西川　宏
102. 岡山の和紙・臼井英治
103. 岡山の艶笑譚・立石憲利
104. 岡山の文学アルバム・山本遺太郎
105. 岡山の映画・松田完一
106. 岡山の石仏・巌津政右衛門
107. 岡山の橋・宗田克巳
108. 岡山のエスペラント・岡　一太
109. 岡山の狂歌・蓬郷　巌
110. 百間川・岡山の自然を守る会
111. 夢二のふるさと・真田芳夫・葛原茂樹
112. 岡山の梵鐘・川端定三郎
113. 岡山の演劇・山本遺太郎
114. 岡山話の散歩・岡　長平
115. 岡山地名考・宗田克巳
116. 岡山の戦災・野村増一
117. 岡山の町人・片山新助
118. 岡山の会陽・三浦　叶
119. 岡山の石・宗田克巳
120. 岡山の滝と渓谷・川端定三郎
121. 岡山の味風土記・岡　長平
122. 目でみる岡山の明治・巌津政右衛門
123. 岡山の散歩道 東西・佐藤米司
124. 目でみる岡山の大正・蓬郷　巌
125. 児島湾・同前峰雄
126. 岡山の庶民夜話・佐上静夫
127. 岡山の修験道の祭・川端定三郎
128. 目でみる岡山の昭和Ⅰ・蓬郷　巌
129. 岡山のふるさと雑話・佐上静夫
130. 岡山のことわざ・佐藤・次田・竹内・福尾
131. 目でみる岡山の昭和Ⅱ・蓬郷　巌
132. 瀬戸大橋・OHK編
133. 岡山の路上観察・香川・河原
134. 岡山の相撲・二宮朔山
135. 岡山の古文献・中野美智子
136. 岡山の門・小出公大
137. 岡山の内田百閒・岡　将男
138. 岡山の彫像・蓬郷　巌
139. 岡山の名水・川端定三郎
140. 両備バス沿線・両備バス広報室
141. 岡山の明治の雑誌・片山・来田・菱川
142. 岡山の災害・蓬郷　巌
143. 岡山の看板・河原　馨
144. 由加山・原　三正
145. 岡山の祭祀遺跡・八木敏乗
146. 岡山の表町・岡山を語る会
147. 逸見東洋の世界・臼井洋輔
148. 岡山ぶらり散策・河原　馨
149. 岡山名勝負物語・久保三千雄
150. 坪田譲治の世界・善太と三平の会
151. 備前の霊場めぐり・川端定三郎
152. 藤戸・原　三正
153. 矢掛の本陣と脇本陣・武・中山・岡田・池田・柴口
154. 岡山の図書館・黒崎義博
155. 岡山の戦国時代・松本幸子
156. 岡山の資料館・河原　馨
157. カブトガニ・惣路紀通
158. 正阿弥勝義の世界・臼井洋輔
159. 木山捷平の世界・定金恒次
160. 岡山の備前ばらずし・窪田清一
161. 良寛さんと玉島・森脇正之
162. 備中の霊場めぐり・川端定三郎
163. 岡山の多層塔・小出公大
164. 六高ものがたり・小林宏行
165. 下電バス沿線・下電編集室
166. 岡山の博物館めぐり・川端定三郎
167. 岡山の民間療法(上)・鶴藤鹿忠・竹内平吉郎
168. 吉備高原都市・小出公大
169. 玉島風土記・木村岩治
170. 洋学者箕作阮甫とその一族・森脇正之
171. 夢二郷土美術館・松田　基・楢原雄一
172. 岡山のダム・川端定三郎
173. 岡山の森林公園・河原　馨
174. 宇田川家のひとびと・水田楽男
175. 岡山の民間療法(下)・鶴藤鹿忠・竹内平吉郎
176. 岡山の温泉めぐり・川端定三郎
177. 阪谷朗廬の世界・山下五樹
178. 目玉の松ちゃん・尾上松之助・中村房吉
179. 吉備ものがたり(上)・市川俊介
180. 中鉄バス沿線・中鉄バス(株)企画部
181. 飛翔と回帰－国吉康雄の西洋と東洋・小澤善雄
182. 岡山の智頭線・河原　馨
183. 出雲街道・片山　薫
184. 備中高松城の水攻め・市川俊介
185. 美作の霊場めぐり・川端定三郎
186. 吉備ものがたり(下)・市川俊介
187. 津山の散策 ひがし にし・黒田　晋・竹内平吉郎
188. 倉敷福山と安養寺・前川　満
189. 鷲羽山・山本慶一・西田正憲
190. 和気清麻呂・仙田　実
191. 岡山たべもの歳時記・鶴藤鹿忠
192. 岡山の源平合戦談・市川俊介
193. 岡山の氏神様・二宮朔山
194. 岡山の乗り物・蓬郷　巌
195. 岡山・備前地域の寺・川端定三郎
196. 岡山ハイカラ建築の旅・河原　馨
197. 牛窓《うしまど》を歩く・前川　満
198. 岡山のレジャー地・倉敷ぶんか倶楽部
199. 斉藤真一の世界・斉藤裕重・イシイ省三
200. 巧匠 平櫛田中・原田純彦

201. 総社の散策・神野力・葛原克人・加藤信二
202. 岡山の路面電車・楢原雄一
203. 岡山ふだんの食事・鶴藤鹿忠
204. 岡山のふるさと市・倉敷ぶんか倶楽部
205. 岡山の流れ橋・渡邉隆男
206. 岡山の河川拓本散策・坂本亜紀児
207. 備前を歩く・前川満
208. 岡山言葉の地図・今石元久
209. 岡山の和菓子・太郎良裕子
210. 吉備真備の世界・中山薫
211. 柵原散策・片山薫
212. 岡山の岩石・野瀬重人・沼野忠之
213. 岡山の能・狂言・金関猛
214. 岡山の鏝絵・赤松壽郎
215. 山田方谷の世界・朝森要
216. 岡山おもしろウオッチング・おかやま路上観察学会
217. 岡山の通過儀礼・鶴藤鹿忠
218. 日生を歩く・前川満
219. 備北・美作地域の寺・川端定三郎
220. 岡山の親柱と高欄・渡邉隆男
221. 西東三鬼の世界・小見山輝
222. 岡山の花粉症・三好・難波・岡野・山本
223. 操山を歩く・谷淵陽一
224. おかやま山陽道の拓本散策・坂本亜紀児
225. 霊山熊山・仙田実
226. 岡山の正月儀礼・鶴藤鹿忠
227. 原子物理学の父 仁科芳雄・井上泉・イシイ省三
228. 赤松月船の世界・定金恒次
229. 邑久を歩く・前川満
230. 岡山の宝箱・臼井洋輔・臼井隆子
231. 平賀元義を歩く・渡部秀人・竹内佑宜
232. 岡山の中学校運動場・奥田澄二
233. おかやまの桃太郎・市川俊介
234. 岡山のイコン・植田心壮
235. 神島八十八ヶ所・坂本亜紀児
236. 倉敷ぶらり散策・倉敷ぶんか倶楽部
237. 作州津山 維新事情・竹内佑宜
238. 坂田一男と素描・妹尾克己・イシイ省三
239. 岡山の作物文化誌・臼井英治
240. 児島八十八ヶ所霊場巡り・倉敷ぶんか倶楽部
241. 岡山の花ごよみ・前川満
242. 英語の達人・本田増次郎・小原孝
243. 城下町勝山ぶらり散策・橋本惣司・倉敷ぶんか倶楽部
244. 高梁の散策・朝森要
245. 薄田泣菫の世界・黒田えみ
246. 岡山の動物昔話・立石憲利・江草昭治
247. 岡山の木造校舎・河原馨
248. 玉島界隈ぶらり散策・小野敏也・倉敷ぶんか倶楽部
249. 岡山の石橋・北脇義友
250. 哲西の先覚者・加藤章三
251. 作州画人伝・竹内佑宜
252. 笠岡諸島ぶらり散策・NPO法人かさおか島づくり海社
253. 磯崎眠亀と錦莞莚・吉原睦
254. 岡山の考現学・おかやま路上観察学会
255. 「備中吹屋」を歩く・前川満
256. 上道郡沖新田・安倉清博
257. 続・岡山の作物文化誌・臼井英治
258. 土光敏夫の世界・猪木正実
259. 吉備のたたら・岡山地名研究会
260. いろはで綴る ボクの子供事典・赤枝郁郎
261. 民話の里 鏡野町伝説紀行・立石憲利・片田知宏
262. 笠岡界隈ぶらり散策・ぶらり笠岡友の会
263. つやま自然のふしぎ館・森本信一
264. 岡山の山野草と野生ラン・小林克己
265. 文化探検 岡山の甲冑・臼井洋輔
266. ママカリ ヒラに まったりサーラ・窪田清一
267. 岡山の駅舎・河原馨
268. 守分 十の世界・猪木正実
269. 備中売薬・土岐隆信・木下浩
270. 倉敷市立美術館・倉敷市立美術館
271. 津田永忠の新田開発の心・柴田一
272. 岡山ぶらりスケッチ紀行・南一平・網本善光
273. 倉敷美観地区 歴史と民俗・吉原睦
274. 森田思軒の世界・倉敷ぶんか倶楽部
275. 三木行治の世界・猪木正実
276. 岡山路面電車各駅街歩き・倉敷ぶんか倶楽部
277. 赤磐きらり散策・高畑富子
278. 岡山民俗館 民具一〇〇選・岡山民俗学会
279. 笠岡市立竹喬美術館・笠岡市立竹喬美術館
280. 岡山の夏目金之助(漱石)・横山俊之・熊代正英
281. 吉備の中山を歩く・熊代哲士・熊代建治
282. 備前刀 日本刀の王者・佐藤寛介・植野哲也
283. 繊維王国おかやま今昔・猪木正実
284. 温羅伝説・中山薫
285. 現代の歌聖 清水比庵・笠岡市立竹喬美術館
286. 鴨方往来拓本散策・坂本亜紀児
287. 玉島旧柚木家ゆかりの人々・倉敷ぶんか倶楽部
288. カバヤ児童文庫の世界・岡長平
289. 野﨑邸と野﨑武左衛門・猪木正実
290. 岡山の妖怪事典 妖怪編・木下浩
291. 松村緑の世界・黒田えみ
292. 吉備線各駅ぶらり散策・倉敷ぶんか倶楽部
293. 「郷原漆器」復興の歩み・高山雅之
294. 作家たちの心のふるさと・加藤章三
295. 自画像の異彩画家 河原修平の世界・倉敷ぶんか倶楽部
296. 岡山の妖怪事典 鬼・天狗・河童編・木下浩
297. 歴史・伝承・文学・アート 岡山の魅力再発見・柳生尚志
298. 井原石造物歴史散策・大島千鶴
299. 岡山の銀行 合併・陶太の150年・猪木正実
300. 吹屋ベンガラ・臼井洋輔